797,885 Books
are available to read at

www.ForgottenBooks.com

Forgotten Books' App
Available for mobile, tablet & eReader

ISBN 978-0-243-54623-7
PIBN 10774736

This book is a reproduction of an important historical work. Forgotten Books uses state-of-the-art technology to digitally reconstruct the work, preserving the original format whilst repairing imperfections present in the aged copy. In rare cases, an imperfection in the original, such as a blemish or missing page, may be replicated in our edition. We do, however, repair the vast majority of imperfections successfully; any imperfections that remain are intentionally left to preserve the state of such historical works.

Forgotten Books is a registered trademark of FB &c Ltd.
Copyright © 2017 FB &c Ltd.
FB &c Ltd, Dalton House, 60 Windsor Avenue, London, SW19 2RR.
Company number 08720141. Registered in England and Wales.

For support please visit www.forgottenbooks.com

1 MONTH OF
FREE
READING

at
www.ForgottenBooks.com

By purchasing this book you are eligible for one month membership to ForgottenBooks.com, giving you unlimited access to our entire collection of over 700,000 titles via our web site and mobile apps.

To claim your free month visit: www.forgottenbooks.com/free774736

* Offer is valid for 45 days from date of purchase. Terms and conditions apply.

English
Français
Deutsche
Italiano
Español
Português

www.forgottenbooks.com

Mythology Photography **Fiction**
Fishing Christianity **Art** Cooking
Essays Buddhism Freemasonry
Medicine **Biology** Music **Ancient Egypt** Evolution Carpentry Physics
Dance Geology **Mathematics** Fitness
Shakespeare **Folklore** Yoga Marketing
Confidence Immortality Biographies
Poetry **Psychology** Witchcraft
Electronics Chemistry History **Law**
Accounting **Philosophy** Anthropology
Alchemy Drama Quantum Mechanics
Atheism Sexual Health **Ancient History**
Entrepreneurship Languages Sport
Paleontology Needlework Islam
Metaphysics Investment Archaeology
Parenting Statistics Criminology
Motivational

Vater Brahm.

Ein Trauerspiel

aus

dem vierten Stand

von

H. A. Schaufert.

Mainz.
Verlag von Franz Kirchheim.

1871.

Den Bühnen gegenüber Manuscript.

Mainz,
Druck von Franz Sausen.

Vorwort.

Es wird nicht an Solchen fehlen, welche in diesem Drama sozialistische Tendenzen wittern wollen, aber das kümmert mich nicht. Edle, unbefangne Geister werden über gute Meinung und Absicht des Verfassers im Klaren sein. Indem ich zwei Gegensätze der Zeit, den herzlosen, thyrannischen Capitalismus und die zügellos treibende Kraft des vierten Standes einander gegenüberstelle, indem ich den feindlichen Zusammenstoß dieser Gegensätze in ein Bild zu bringen versuche, nehme ich selbst weder für den einen noch für den andern Partei. Wohl aber will das Bild im Kleinen vor dem warnen, was im Großen über uns hereinbrechen müßte, falls eine Versöhnung zwischen Capital und Arbeit nicht gefunden würde — und daß diese Versöhnung nur gelingen kann auf Grundlage des Christenthums und des christlichen Staates, ist meine innige Ueberzeugung.

Aber der Standpunkt, den ich festhalte, hindert mich keineswegs, für das Interesse des vierten Standes einzutreten. Ich thue damit nicht mehr, als der Samariter, da er dem unter die Räuber Gefallnen, hülflos

IV

am Wege Liegenden zu Hülfe kam. Ein solcher Hülflose des Evangeliums ist der vierte Stand, das Capital, gelinde gesagt, der Pharisäer, der achselzuckend vorübergeht.

Wenn ich die Verbesserung des Looses der Arbeiter zur Aufgabe des Staates rechne, so ist am allerwenigsten die Partei zum Widerspruche berechtigt, die unter Hegel's Anführung den alten Gott gestürzt und den Staat an seine Stelle gesetzt hat. Kein Gott ohne Liebe, keine Liebe ohne That! Der Liberalismus trieft ja von Humanität. Was läßt sich erst vom Gott dieses Liberalismus erwarten?

Die Anfänge von „Vater Brahm" reichen in das Jahr 1868 zurück; niedergeschrieben wurde das Drama im Laufe des vorigen Jahres, also vor den Pariser Ereignissen. Wohl unter dem Eindruck dieser Ereignisse geschah es, daß die Wiener Censurbehörde — im Monat Juni — die Aufführung des Stückes am Wiedener Theater verbot.

Heute übergebe ich dasselbe im Druck der Oeffentlichkeit, überzeugt, daß sein Gegenstand darum nicht weniger Interesse beansprucht, weil die Tage der Pariser Commune in furchtbarer Weise die Phantasie des Dichters überholt haben. Ja, sie haben sie überholt, aber sie haben ihr Recht gegeben! Und ist der Vulkan etwa ausgebrannt, dessen Dasein sie der Welt ankündigten? Die Flammen von Paris sind erloschen, eine Schaar von Petroleusen hat man hingerichtet, aber die schlimmste derselben, sie, die alle andern anstiftete, ließ man leben, weil man sie nicht erwischen konnte — die Idee. Der schadenfrohe Sozialismus hat sich an dem großen Feuer die Hände zu neuen Thaten gewärmt, der Liberalismus nichts daraus gelernt, denn er verstand das Mene Tekel nicht, das die unsichtbare Hand mit feurigen Riesenlettern in die Wolken schrieb. Die soziale Frage ist nach wie vor der Pfeil auf der Senne der Zeit.

So mag denn das Wort des Dichters verloren sein; keinenfalls kommt es zu spät.

Germersheim, den 18. Oktober 1871.

Der Verfasser.

Personen.

Ferdinand Schöning, Großindustrieller, Besitzer einer Weberei und Spinnerei.
Herbert, sein Geschäftsführer.
Marie Lambert, seine Mündel.
Steffen Brahm, ein Weber.
Franz, sein Sohn.
Hannchen, seine Tochter.
Stüttgen,
Spitz,   } Fabrikarbeiter.
Engelmann, Pastor.
Fabrikarbeiter, Weiber, Kinder, Hochzeitsgäste, Soldaten, und andere Nebenpersonen.
Die Handlung spielt in der Neuzeit, in einem deutschen Industriebezirk.

Erster Aufzug.

Erster Auftritt.

Comptoir. Herbert sitzt schreibend an einem Tisch im Vordergrund rechts. Nahe der Mittelthüre des Hintergrundes Steffen Brahm, die Mütze in der Hand.

Herbert.

(Zu Brahm, ohne aufzublicken.)

Einen Augenblick! (schreibt, während Brahm sich die Augen wischt, dann aufspringend und vor Brahm hintretend.) Seht, Freund, das geht nicht an. Als vernünftiger Mann begreift Ihr, daß das nicht angeht. (Eine Prise nehmend, Brahm die Dose hinhaltend.) Ist's gefällig?

Brahm.

Ich danke.

Herbert.

Ihr wißt, Brahm, ich habe Euch lange zugewartet. Warum? Ihr seid ein armer Teufel, der an seinem Elend nicht schuld ist, so zu sagen.

Brahm.

So zu sagen? O ja, der Himmel weiß, wer dran Schuld ist. Und Sie wissen's auch.

Herbert.

Was wollt Ihr? Die Firma Lambert und Schöning hat das Häuschen in aller Form Rechtens an sich gebracht. Könnt Ihr sagen, daß Ihr das Geld nicht ehrlich schuldig wart? Nein! Habt Ihr bezahlt? Wieder nein! Es blieb also der Firma nichts übrig, als das Häuschen sammt Läppchen Land unter den Hammer zu bringen, und bei dieser Gelegenheit hat sie sich's selbst zuschlagen lassen. Warum nicht? Wenn es doch einmal an den Mann sollte? So steht nun die Sache. Das neue Magazin thut unserer Fabrik so noth, als dem Fisch das Wasser. Der Plan ist fertig, das Fundament aus dem Boden, Alles da, und wartet, das theuere Material, das theuere Arbeiterpersonal — umsonst! Es kann nichts geschehen, ehe das Häuschen niederliegt. Löhne, Capitalszinsen, Speculationsgewinn, Alles zum Teufel, — 's ist himmelschreiend! Kurz und gut, Ihr müßt aus dem Hause, heute noch!

Brahm.

Heute noch? Herr Verwalter, Sie sehen doch, daß mein Weib —

Herbert.

Kann nicht helfen.

Brahm.

Sie kann jeden Augenblick sterben.

Herbert.

Ja, so heißt's schon seit acht Tagen. Und schließlich ist gar die ganze Krankheit eine Komödie.

Brahm.

Komödie? Herr Verwalter, das verzeih' Ihnen Gott. Unser Elend hat sie krank gemacht, an unserm Elend stirbt sie. Ist vielleicht unser Elend auch eine Komödie? Wenig Jahre sind's her, da war ich noch ein glücklicher Mann hinter meinem Webstuhl, arm, aber Keinem was schuldig. Da kam euere Fabrik, die uns Webern das Brod vor dem Munde wegfraß —

Herbert.

Geschäft, Brahm, Geschäft! Freie Concurrenz und Naturgesetz! Warum tratet Ihr nicht in die Fabrik ein, wie hundert andere?

Brahm.

Warum? Herr Verwalter, Keiner von ihnen hat die Fabrik gesucht, eher er mußte. Und — wer lieber verhungert, der muß gar nicht.

Herbert.

Gehört Ihr zu denen? Nun, Brahm, wie's beliebt. Das Verhungern steht Jedem frei. Was hälf' es, wenn ich Euch eine Vorlesung über Nationalwohlstand halten wollte? Was hälf' es, Euch zu sagen, daß die Verdienste unseres Etablissement um Hebung der vaterländischen Industrie weit und breit anerkannt sind? — (sich gegen seinen Arbeitstisch wendend) Aber ich habe wirklich keine Zeit mehr für Euch. Geht!

Brahm.

Und das Häuschen?

Herbert.

Kommt heute noch weg.

Brahm.

Und mein Weib?

Herbert.

Schafft sie zu einem Bekannten. — Herr Gott! Da liegt noch ein ganzer Stoß Arbeit! (Setzt sich zum Schreiben nieder.)

Brahm.

Herr Verwalter! Um Gottes Barmherzigkeit Willen —!

Herbert

(schreibend). — Geehrtes vom 25. dieses Monats —

Brahm.

Ihr seid kein Familienvater, Ihr wißt nicht —

Herbert

(schreibend). — Zugleich mit obiger Factura —

Brahm.

Nur zwei Tage! Nur einen —!

Herbert

(schreibend). — Die Baumwolle unserer Erwartung durchaus nicht —

Brahm

(heftig aufbrausend). Herrgott, ich bin viel zu gut, sonst —!

Herbert

(hat bestürzt bei diesen Worten ein großes Lineal ergriffen und sich auf seinem Stuhl herumgedreht). Was wollt Ihr — was —?

Brahm.

(Die Hand die er halb erhoben hatte, sinken lassend, langsam und weich.) Nichts, Herr Verwalter — gar nichts. (Wischt sich die Augen und geht langsam ab.)

Herbert.

(Aufstehend.) Ich glaube nicht, daß ich eben jezt wie ein Held dreinsah. (Hin und hergehend.) Aber der Teufel bleibe ruhig, wenn man sozusagen die sociale Revolution hinter'm Rücken hat. Auf Ehre, mir war's schon, als spürte ich ein Messer oder sonst ein spitziges Mordinstrument zwischen Rippen und Rückgrat. — Ein armer Teufel! Aber wer kann ihm helfen? Ich nicht! — (Stehen bleibend.) Hm! Wenn dieses Volk wirklich einmal Ernst machte und sich selber helfen wollte? Was dann? Es sieht ganz darnach aus. Den Lassalle, den wahnsinnigen Juden, nennen sie ihren Heiland, und man meint wahrhaftig, er habe was von der Art, denn seit der Mensch todt ist, fängt er erst recht zu leben an. Arbeitervereine, Arbeiterkatechismen, Arbeiterstrikes — das schießt wie Pilze aus dem Boden. Und was thuen die Regierungen gegen den Schwindel? Gar nichts! — Auch bei uns hier rumort's unter der Decke, ich merke es seit geraumer Zeit. Der Geist der Leute ist nicht mehr wie früher, und ich habe Schöning auch offen meine Meinung über sein langes Ausbleiben in der Residenz geschrieben. In einer solchen Zeit Monate lang aus dem Geschäfte sein! Der alte Herr liegt sich im Grabe nicht auf, der junge sorgt fleißig für's Umdrehen. Und dabei spielt er den Liebhaber bei Fräulein Lambert, bestellt mich, sozusagen, als Schildwache während seiner Abwesenheit, verlangt Stimmungsberichte! Von mir — Stimmungsberichte!

Zweiter Auftritt.

Der Vorige. Marie aus einer Seitenthüre, ein Buch in der Hand.

Marie.

Guten Tag, Herr Herbert.

Herbert.

Ergebenster Diener.

Marie.

Wer war der Mann, der mir eben auf der Treppe begegnete? Er schien vom Comptoir zu kommen.

Herbert.

Ein gewisser Weber Brahm vermuthlich, der mich vorhin verließ.

Marie.

Brahm? Ist das nicht derselbe, der mein verlornes Armband fand, und es mir durch seine Tochter zuschickte?

Herbert.

Derselbe. Sie wissen wohl das Häuschen, beim Eingang in's Dorf, hart an der Grenze der Fabrik. Es gehört ihm — das heißt, es gehört — uns.

Marie.

Wie?

Herbert.

Nun ja, — durch Kauf. Das neue Magazin wird auf den Platz kommen.

Marie.

Das neue Magazin?

Herbert.

Ah, davon wissen Sie nichts? Sie, die Mitbesitzerin der Fabrik? Nun, es ist auch so gut. Wozu haben Sie einen Vormund? Und gar einen so schönen, jungen Vormund, der zugleich Prinzipal ist?

Marie.

(Die die letzten Worte nicht zu hören schien.)

Der arme Mann! Gewiß zwang ihn die Noth zum Verkauf. Er schlich so gebückt dahin, mir däucht, er weinte. Herbert, ich hoffe doch, daß wir an diesen Thränen nicht schuld sind?

Herbert.

Was denken Sie schon wieder?

Marie.

Er hatte wohl eine Bitte?

Herbert.

Bitten haben derlei Leute immer.

Marie.

Warum nicht, da sie immer unglücklich sind? Oh dieser Abgrund von Elend — ich habe schon tief hineingeblickt, tief — aber wer sieht auf den Grund? (Herbert zuckt die Achseln.) Herr Herbert, ich möchte Alles lieber sein, als eine Fabrikbesitzerin.

Herbert.

Der Mann gehört nicht zur Fabrik.

Marie.

Was beweist das? Daß es auch außerhalb der Fabrik Unglückliche gibt. Unglücklich wie ein Fabrikarbeiter — ich glaube, das wird noch zum Sprichwort, Herr Herbert.

Herbert

(bei Seite, eine Prise nehmend). Jetzt phantasirt sie wieder eins.

Marie.

Oh, wie sie mich martern, diese welken, zerstörten Gesichter um mich her, diese stumpfen, glanzlosen Augen, die jeden freudigen Aufblick verlernt haben! Ich kann ihnen nicht entrinnen — überallhin verfolgen sie mich, bis in mein Gebet, bis in meine Träume, stehen mir gegenüber mit flehender Geberde, mit stummen

Vorwurf, und manchmal, — glauben Sie mir — manchmal packt's mich wie Gewissensangst, mir ist's, als ob ich an einem ungeheuern Verbrechen mitarbeitete!

Herbert.

Ein Verbrechen! Und worin besteht's, wenn ich fragen darf? Vielleicht darin, daß wir Bettlern unser gutes Geld für schlechte Arbeit geben? Sollen die Fabriken eingestellt werden? Will sich Fräulein Lambert ihr hochzeitliches Kleid selbst weben?

Marie.

Spotten Sie nur! Es war eine Zeit, da die Königinen webten, und man nennt sie die goldene. Auch damals gab es schon Herrn und Knechte, aber Knechte, die mit der Familie des Herrn zu Tische saßen und sich sagen durften, wir sind zu Hause. Welcher Abstand zwischen ihnen und Ihren Arbeitern, Herr Herbert! Deren Leben und Sterben Sie nicht mehr kümmert als das eines gemeinen Hausthiers! Nein, nicht so viel! denn gerade damals, als Sie der Arbeitszeit eine Stunde zusetzten, hörte ich Sie zum Kutscher sagen, er solle Schöning's Pferde weniger anstrengen, damit sie nicht an Schönheit und Muth einbüßten.

Herbert.

Dieser Vergleich —!

Marie.

Genug davon. Meine Worte bessern ja doch nichts. Sagen Sie mir lieber, was dieser Brahm wollte?

Herbert.

Was er wollte? (für sich) Ich darf ihr nicht alles mittheilen. — (laut) Nun, er kam wegen einer Unterstützung für seine Frau, die schon seit Monaten krank liegt. Eine alte Geschichte!

Marie.

Für mich ganz neu, Herr Herbert. Ich ersuchte Sie doch oft genug, mir von derartigen Nothfällen Mittheilung zu machen.

Herbert.

Das geschah auch. Da es sich aber hier nicht um einen unserer Arbeiter handelt —

Marie.

So kümmerte Sie seine Noth nicht. Ihr Geschäftseifer ist wirklich fürchterlich, Herr Herbert. Selbst die Wohlthätigkeit wird unter Ihren Händen zur Speculation.

Herbert.

Vortrefflich! Die Herrin wirft dem Diener Geschäftseifer vor! Ein Wort, Fräulein! Haben Sie je gehört, daß es dreimal schwerer ist, ein Vermögen zu erwerben, als es wieder zu verlieren?

Marie.

Was wollen Sie damit?

Herbert.

Oh, ich dachte mir eben die Fabrik unter einem Verwalter nach Ihrem Geschmack. Es sind jetzt drei Jahre her, daß zwei Jugendfreunde sich zur Gründung dieses Etablissement associirten, und einer derselben war Ihr seliger Vater. Sie verließen die Stadt und bauten sich neben der Fabrik diesen Palast zur Wohnung — denn ihre Einigkeit war so musterhaft, daß sie sich beide unter einem Dache vertrugen. Binnen Jahresfrist war die Fabrik die zweitgrößte des Landes, wie man sagt, nicht ohne Mitverdienst eines gewissen Geschäftsführers Herbert, — das muß wohl so sein, denn die beiden Herren sind todt, seit Jahr und Tag todt, und es wurde seitdem eine hübsche Zahl weiterer Maschinen hier aufgestellt. Aber nein! Vielleicht ist's das Verdienst von Herrn Schöning's Sohn und Nachfolger. Wie meinen Sie? Freilich war er vor seines Vaters Tod — seiner technischen Ausbildung wegen, wie es hieß, — überall im Lande leichter zu finden, als zu Hause, dafür hat er aber seitdem wenigstens sechs Monaten unter zwölfen hier zugebracht, wo dann allerdings für ben Herbert immer noch ein wenig zu thun blieb, da die schwere Last Ihrer Vormundschaft den armen Herrn gar zu sehr in Anspruch nahm.

Marie.

Denken Sie von Schöning so geringschätzig, als Sie von Ihm sprechen?

Herbert.

Was wollen Sie? Er ist ein Sohn, der von der Arbeit seines Vaters ausruht. Das thuen Tausende. Eine höchst anständige, unterhaltende Beschäftigung! Ich weiß, Fräulein, daß Schöning verschiedene gute Gaben hat, besonders für Damenaugen, — aber ein Geschäftsmann wird er nie.

Marie.

Gott sei Dank! Er wird Ihnen also nie gleichen.

Herbert.

Sehr schmeichelhaft!

Marie.

Nein, aber sehr offen, Herr Herbert. Bei Ihren großen Verdiensten um unser Etablissement, wünschte ich doch, Sie wären etwas weniger Geschäftsmann und etwas mehr — Mensch.

Herbert.

Und ich wünschte, Fräulein, Sie hätten etwas weniger Zärtlichkeit für Tagediebe von Arbeitern und etwas mehr — für den Herrn Prinzipal.

Marie.

Herr Herbert —!

Herbert.

Der arme Mann! Ein Wort von Ihnen, und der gestrenge Herr Vormund wird zum gehorsamen Knecht.

Marie.

Muß ich Ihnen wiederholen, daß mir dieser Gegenstand peinlich ist?

Herbert.

Ein schlechter Trost für meinen Prinzipal!

Marie.

Es scheint nicht, daß er des Trostes bedarf. Damit Sie künftig alle Worte sparen, erkläre ich Ihnen, daß ich mich nie vermählen werde.

Herbert.

Nie vermählen? Schön! Steht die Sache so, so kann ich gleich eine Neuigkeit sparen.

Marie.

Wie?

Herbert.

Nun ja. Was interessirt es Sie, zu hören, daß Schöning morgen hier eintrifft?

Marie

(lebhaft). Herr Herbert, Sie scherzen!

Herbert

(einen Brief vorzeigend). Hier sein Brief. (Marie streckt rasch die Hand gegen denselben aus, während Herbert seine Hand mit dem Briefe zurückzieht.) Zittert nicht Ihre Hand? Ah! Die Neuigkeit interessirt Sie doch?

Marie

(Die Hand sinken lassend). Behalten Sie ihn.

Herbert.

So nehmen Sie nur!

Marie

(gelassen, sich zum Gehen wendend). Guten Tag, Herr Herbert. (Stehenbleibend.) Ich wünsche, daß dem armen Brahm noch heute geholfen wird.

Herbert.

Soll geschehen. Mit wie viel?

Marie.

Mit so viel, daß ihm geholfen ist.

Herbert.

Und der Brief —? (ihn hinhaltend.)

Marie

(abgehend). Guten Tag, Herr Herbert. (ab.)

Herbert

(ihr nachschauend). Betschwester! Hätten wir dein Geld, das Beten wollten wir dich allein besorgen` lassen. — Ich muß nur machen, daß die alte Barake zusammengelegt wird. Sie könnte erfahren, worum sich's handelt — also schnell ein fait accompli. (ab.)

Dritter Auftritt.

Platz im Freien. Im Hintergrunde Fabrikanlagen, im Vordergrunde links das Wohnhäuschen des Brahm, weiter zurück ein an's Haus gränzender Gartenzaun. Franz Brahm, Stüttgen und Spitz.

Spitz

(zu Franz). Todt? Die Margreth todt? Ihr lieben Brüder, was ist das? Und der Steffen weiß es noch nicht einmal, sagst du?

Stüttgen

(für sich). Armer Petter!

Spitz

(den Kopf wiegend). So schnell, ihr lieben Brüder, so schnell! Ein Weib wie die Margreth zu verlieren! Und all das übrige Elend noch dazu! Gott steh' uns bei! 'S ist ein Fall, sag' ich euch, ein Fall —!

Franz

(ungeduldig). Mach mir nicht so viel Worte!

Spitz.

So? Ich kann davon erzählen. Ich hab' auch einmal ein Weib begraben. 'S ist 'ne Calamität!

Stüttgen.

Ich wollt', dein Weib hätt' dich begraben, alter Worthaspler! Kannst du's Maul nicht halten?

Spitz.

Nun, nun, man will doch trösten!

Stüttgen.

Dein Trost! Bet' ein Vaterunser, ist besser.

Spitz

(eine Prise nehmend, bei Seite). Der Mensch ist ein Wilder!

Stüttgen.

Wo ist das Hannchen?

Franz.

Was weiß ich? Drin am Bett und heult.

Stüttgen.

Ich muß mir doch die Base einmal ansehen. (Ab in's Haus.)

Franz.

Ein schlecht Vergnügen!

Spitz.

Du bist von Stein, Junge.

Franz.

Was willst du? Meinst du, ich soll lamentiren wie ein Weibsbild? Todt ist todt, aber Den, der sie um= gebracht hat, muß der Teufel noch lothweis rösten.

Spitz.

Ja, ja! Ich versteh' schon. Die Geschichte wegen dem Häuschen hat ihr's Herz abgedrückt. Oh, die Reichen, die Reichen! Merkst du was, Franz? Tyran= nen sind's, Spitzbuben, lauter maskirte Spitzbuben am Nationaleigenthum. Ich hab' auch noch abzurechnen mit dem Volk, — wir Alle haben mit ihm abzurechnen!

Nun, du kannst ruhig sein. Die zwei Alten hat der Teufel schon geholt, so zu sagen, und an den Jungen kommt die Reihe auch noch. Aber sag' mir nur, wie ging die Sache eigentlich zu? Ich weiß, sie boten dem Steffen ein hübsches Sümmchen für den Platz, und er wollt' niemals bran, denn mit dem Häuschen, sagt' er immer, verkauf' ich meine Freiheit. Wie kam's, daß sie doch Herr über euch wurden?

Franz.

Wie? Oh, den reichen Hunden glückt Alles! Mein Vater hatte in der Stadt Geld auf's Haus aufgenommen. Das spionirten sie aus, und jetzt waren wir in ihrer Hand. Sie kauften die Hypothek an sich und sagten uns das Capital auf. Was braucht's mehr, um einen armen Mann zu ruiniren?

Spitz.

Die pure Beutelschneiderei! Das sollt' unser eins thun!

Franz.

Dafür starben sie aber auch weg, Schlag auf Schlag! Unser Herrgott hat sie gestraft —

Spitz.

Unser Herrgott! So ist's. 'S gruselt Einem wahrhaftig, und doch thut's Einem wieder gut, daß über den

Leuten auch noch Einer ist, der sie meistert! Ich will dir was sagen, der junge Herr wär' nicht so schlimm, aber er läßt dem schwarzen Verwalter freie Hand — blanche carton — und der zieht durch wie ein Rasirmesser.

Franz.

Was kümmert's mich? Deßwegen soll der Junge doch mit den Alten brennen. Er ist von der Art.

Spitz.

Topp, Franz! Du bist mein Mann! Von der Art! Ja, das ist er, und die ganze Art muß dran glauben, das ist mein Thema! Weißt du, daß wir armes Volk früher eigentlich gar nichts wußten? Weißt du, daß du als gemeiner Mann mehr Rechte hast, als Haare auf dem Kopf? Daß wir Alle, wie wir da sind, in's neue deutsche Parlament hinein gehören? Es spuckt, Junge, es spuckt in der Welt! Hätt' ich nur die letzte Arbeiterzeitung bei mir! Du hast doch schon von dem Lassalle gehört? Das ist unser Prophet, und der neue Arbeiterkatechism ist auch von ihm. Es heißt, er wär' todt, aber Viele glauben's nicht und meinen er hält sich nur so obscurirt, weil die Fabrikanten einen Preis auf seinen Kopf gesetzt haben, und wenn der Tanz losgeht, wird er schon zum Aufspielen da sein. (Stüttgen ist aus dem Hause herausgetreten.) Nun, es gibt auch illuminirte Köpfe unter den Arbeitern selbst, Junge, und wenn's fehlt — (sich auf die Brust schlagend) stellt sich der Spitz an die Spitze!

Stüttgen

(ihn von hinten auf die Schulter schlagend). Hurrah! (Spitz fährt zusammen.) Ich weiß schon, von was er wieder schwätzt. Ein Schneider, wie du! Wär' mir der rechte General —

Spitz.

Meinst du, weil du größer bist? Für einen Ochsen bist du doch noch zu klein!

Stüttgen.

Spitzlein! Spitzlein! Gib Acht, oder der Ochs nimmt dich auf's Horn!

Vierter Auftritt.

Die Vorigen, Steffen Brahm langsam von der rechten Seite.

Steffen.

Franz, der Gang war umsonst. Das Haus wird zusammengerissen.

Franz.

(trotzig). Das wollen wir sehen

Steffen

(für sich, bekümmert). Wie ihr das beibringen? Gott, deine Hand liegt schwer auf mir! (Will in's Haus.)

Franz.

Vater! (Steffen bleibt stehen.)

Steffen.

Was gibt's?

Franz.

Vater, ihr könnt's ihr nicht mehr beibringen —

Steffen

(betreten, ängstlich). Was ist das? Wie schaut ihr Alle so schrecklich drein?

Fünfter Auftritt.

Die Vorigen, Hannchen tritt aus der Thüre, da sie ihren Vater erblickt, auf ihn zustürzend, ihm um den Hals fallend.

Hannchen.

Vater, Vater —!

Steffen

(haftig). Hannchen! Was macht die Mutter? (aufschreiend, da Hannchen sich schluchzend an ihn drückt.) Oh —! Todt! Meine Margreth ist todt —!

Hannchen.

Mein armer Vater —! (Spitz nimmt bewegt eine Prise.)

Steffen.

Und ich hab' ihr nicht Lebewohl gesagt — ich hab' ihr nicht die Augen zugedrückt! Oh Margreth, Margreth!

Spitz.

Na, so kommt zu Euch, Steffen! (Er zieht ein kleines baumwollnes Taschentuch und wischt sich die Augen.)

Hannchen.

Sie starb leicht, Vater. Und ihr Letztes war ein Gruß an Euch.

Steffen.

Ja, an mich! An mich dachte sie, und ich lief derweilen draußen in der Welt herum! Was hatt' ich dort zu thun? Mein Platz war bei ihr! (wild) Jetzt reißt Alles zusammen, Alles, bis auf den Grund, und mich mit! (lehnt erschöpft sich auf Hannchen.)

Franz.

(rauh). Uebertreibt's nicht, Vater! — (für sich, grimmig) Oh, ich könnte Blut saufen!

Stüttgen

(zu Brahm tretend). Eure Hand, Vetter. (faßt Brahm's Hand.)

Steffen

(sich aufrichtend, nach Fassung ringend). Ich dank' euch! . 'S ist gut so. Kommen mußt' es doch, und — 's ist gut so. Hannchen, mein Kind, du hast jetzt keine Mutter mehr, nur noch einen Vater, einen recht armen, armen Vater. (Hannchen sinkt schluchzend vor Brahm nieder und verbirgt ihr Gesicht an seinen Knieen, er legt die Hand auf ihr Haupt.) Wenn er dich auch noch verlieren müßte —? Hannchen, Ebenbild meiner Margreth, vergiß nicht was du mir bist. (nach einer Pause.) Steh' nun auf, mein Kind. (Hannchen erhebt sich.) Wir wollen zur Mutter. Wie sieht sie aus?

Hannchen.

Gar nicht entstellt, Vater — g'rad so, als ob sie schliefe.

Stüttgen.

Wenn Ihr um einen Platz für die Todte verlegen seid, Vetter, Ihr wißt, ich habe da noch die alte leere Werkstätte, wo —

Franz

(heftig). Nein, sag' ich!

Steffen.

Was ist dir?

Franz

(mit dem Fuß stampfend). Und wenn's mein Leben kost', hier im Haus bleibt sie!

Sechster Auftritt.

Die Vorigen. Von rechts Herbert, und drei Fabriksarbeiter mit Aexten, Hauen und anderen Werkzeugen.

Herbert.

(Zu den Arbeitern, auf den Zaun deutend.) Mit dem Zaun da fangt ihr an —

Franz

(ihm entgegentretend). Sachte! Was gibt's da?

Herbert.

Wer ist der Mensch?

Franz.

Was es da gibt, frag' ich?

Herbert

(zu Brahm). Ein Sohn vermuthlich?

Franz.

Das bin ich, ja! Und rath' euch, hier abzuzieh'n.

Herbert.

Junger Mensch —! Weist ihn doch zurecht, Brahm. Ich möchte nicht, daß er sich unglücklich machte.

Steffen.

Gib nach, Franz.

Stüttgen

(zu Steffen). Vetter, Ihr könnt bei mir logiren. Und das Hannchen nimmt meine Muhme.

Spitz.

Evident! Und den Franz nehm' ich — (gegen Herbert sich verbeugend) mit eines Herrn Verwalters Erlaubniß! — Hörst du, Junge? (zu Franz.)

Franz

(wild). Von meiner Seite! Der Erste, der den Zaun anrührt, hat gelebt!

Herbert

(zu den Arbeitern). Vorwärts! Nieder mit dem Zaun! (Die Arbeiter machen einen Schritt vorwärts.)

Franz

(außer sich). Nun? Was steht ihr? Hört ihr nicht, was der gnädige Herr befiehlt? Nur zu! Bettelmann gegen Bettelmann! Nur zu!

Spitz

(aufgeregt gegen die Arbeiter). Pfui Teufel, schämt euch! — (Gegen Herbert sich verbeugend.) Mit eines Herrn Verwalters Erlaubniß!

Herbert

(zu den Arbeitern). Wird's bald?

1. Arbeiter.

Nun ja, Herr Verwalter, Alles was recht ist. Aber mir Arm und Bein entzwei schlagen zu lassen, — dazu habe ich nicht Lust.

2. Arbeiter.

Nein, wahrhaftig! Wir sind ehrliche Weber, aber keine Todtengräber, oder so was!

Herbert

(zu Stüttgen). Stüttgen, Ihr seid ein Mann. Legt Hand an!

Stüttgen.

Ich? Fällt mir nicht ein, Herr Verwalter. Ich seh' da keine Ehre zu holen.

Spitz

(zu Herbert). Mit Euer Gnaden Erlaubniß! Es wär' da keine Ehre zu holen, meint er.

Herbert

(in den Bart). Lumpenpack! (er reißt einem Arbeiter die Axt aus der Hand.) Her die Axt! Ich will doch sehen, ob mich der Bube in meinem Recht hindert! (macht Miene, gegen den Zaun loszugehen.)

Franz

(ist an das Haus gesprungen, hat eine dort lehnende Axt ergriffen und stellt sich Herbert entgegen). Axt gegen Axt! (Herbert tritt zurück.)

Hannchen

(angstvoll). Franz —! Haltet ihn, Vater! (Stüttgen und Hannchen halten Franz.)

Franz

(mit geschwungener Axt). Komm' her, du Hund!

Hannchen.

Habt Mitleid, Herr Verwalter! Habt Mitleid mit uns und ihm! Denkt, daß er eine todte Mutter drinnen liegen hat — .

Herbert.

Eine todte Mutter?

Franz.

Wundert dich das? Du hast sie ja umgebracht, — du und die anderen Teufel!

Siebenter Auftritt.

Die Vorigen. Schöning in Reisekleidern tritt auf.

Schöning.

Was geht da vor?

Spitz.

Unser Herr!

Hannchen.

(Schöning zu Füßen.) Gnade, Herr Schöning! Erbarmen!

Schöning.

Wer ist das Mädchen? — (zu Hannchen) Stehen Sie doch auf!

Franz

(sie vom Boden aufreißend). Ja, auf! Du sollst nicht vor ihm knieen!

Schöning.

(zu Herbert). Was bedeutet das Alles?

Herbert.

Herr Prinzipal, ich bin überrascht, Sie so bald zu sehen. Was das bedeutet? Sehr einfach! Sie sehen da (umherdeutend) die Fundamente zum neuen Magazin, und dieses hier ist das bewußte Anwesen des Webers Brahm, das wir zum Abriß acquirirt haben —

Franz.

Acquirirt? Heißt das gestohlen und geraubt auf Deutsch?

Herbert.

Hören Sie den frechen Burschen?

Hannchen.

(mit gefalteten Händen). Oh, Herr Schöning, wenn Sie Alles wüßten —! Mein Vater ist ein kränklicher Mann — und meine Mutter — (schluchzend.)

Schöning.

Armes Mädchen!

Hannchen.

Ist vor einer halben Stunde gestorben —

Herbert.

Wer wußte das?

Hannchen.

Und jetzt, da die Todte noch nicht kalt ist, will er uns unter den freien Himmel hinausstoßen — uns mit der Todten! Oh, Herr Schöning, auch Sie haben eine Mutter gehabt!

Schöning.

Jammervoll! — (zu Herbert) Wo hatten Sie nur Ihre Sinne? (Herbert mit verschränkten Armen zuckt die Achseln, Schöning zu den mit Herbert gekommenen Arbeitern.) Geht! (Arbeiter ab.) Das Haus bleibt vorläufig stehen.

Hannchen.

Dank, Dank für Ihre Gnade!

Franz

(dazwischentretend). Halt! — Jetzt ziehen wir freiwillig! (zu Hannchen.) Dank? Gnade? Wir wollen keine Gnade vom Mörder unserer Mutter! Stüttgen! Spitz! Wir geh'n mit euch. Kommt, Vater! Er soll sich nicht rühmen, daß wir auf seine Gnad' und Barmherzigkeit hier wohnen.

Steffen.

Wie du willst, Franz.

Franz.

Nur vorwärts! Unsere Siebensachen werden bald gepackt sein.

Stüttgen.

Wir sind euch behülflich. (Steffen, Franz und Stüttgen in's Haus.)

Spitz.

Wir sind ihnen behülflich, mit Euer Gnaden Erlaubniß. (Ab mit einer Verbeugung gegen Schöning und Herbert. Zuletzt geht Hannchen in's Haus, welche sich unter der Thüre noch einmal herumwendet, und auf Schöning einen dankbaren Blick wirft.)

Schöning.

Wie mochten Sie es zu einem solchen Auftritt kommen lassen? Ich begreife Sie nicht.

Herbert.

Aber ich Herrn Schöning um so besser. Man läßt sich die Suppe schmecken und schimpft auf den Löffel. Der Löffel bin ich. Wissen Sie etwa eine Methode, Magazine in die Luft zu bauen? Oder hatten Sie nicht von dem, was im Werke war, briefliche Kenntniß?

Schöning.

Im Allgemeinen wohl. Aber eine Austreibung unter solch erbärmlichen Umständen —

Herbert.

Ich gebe zu, die erbärmlichen Umstände blieben mir in der Feder stecken. Wer vergißt nicht einmal etwas?

Wer weiß auch immer, was ein Herr Prinzipal weiß oder nicht weiß? Diese leidige, schwerfällige Correspondenz! Sie bringt uns noch beide zur Verzweiflung. Aber meine Schuld ist's ja nicht, daß man die Residenz noch nicht neben die Fabrik verlegt hat!

Schöning.

Sie werden bitter. Brechen wir ab von der Sache. (Nach kurzer Pause.) Diese Leute scheinen ganz außer sich.

Herbert.

Sie gehen auch wieder in sich, geben Sie ihnen nur Zeit. Wo wollen sie weit und breit einen Erwerb finden? Keine vierzehn Tage, und sie betteln ganz bemüthig um Aufnahme in die Fabrik, verlassen Sie sich d'rauf.

Schöning.

Haben Sie bemerkt, wie schön dieses Mädchen ist?

Herbert.

Was fragen Sie das mich?

Schöning.

Das Mädchen muß ich wiedersehen.

Herbert.

Wirklich?

Schöning.

— Um an ihr gut zu machen, was geschehen ist.

Herbert.

Gut machen? An ihr gut machen? Man kennt das.

Achter Auftritt.

Die Vorigen. Aus dem Hause treten Steffen, Hannchen und Franz, jedes der beiden letzten einen Bündel tragend, während man im Hintergrunde Stüttgen und Spitz mit einer verhüllten Bahre sich entfernen sieht.

Hannchen.

(Da Steffen stehen bleibt.) Kommt, Vater.

Steffen.

Einen Augenblick, Kind. (Sich gegen das Haus herumwendend) Ich muß doch von meinem Haus Abschied nehmen. — Ja, ja, da steht es noch wie vormals, da ich als kleiner Bube aus- und einging. Seitdem hat es treu über mir ausgehalten, Wind und Wetter für mich getragen. Und jetzt soll es nieder in den Staub, als hätt' es gar ein Verbrechen begangen! Mein Haus, mein gutes, treues Haus! Unter deinem Dach war ich glücklich und ein freier Mann — und jetzt —? Leb' wohl, leb' wohl —! (er wendet sich mit den Anderen zum Gehen, das Gesicht mit Händen bedeckend. Zu Schöning und Herbert, da er an ihnen vorbeikommt, langsam.) Gott verzeih' euch! (Ab mit Hannchen.)

Franz

(hinter ihm drein kommend, mit dem Ausdruck ingrimmigen Hasses). Gott verdamm' euch! (macht noch einige Schritte vorwärts, dann plötzlich umwendend, die an der Erde liegende Axt zu sich nehmend.) Halt! die geht mit! (Schöning und Herbert treten ein Schritt zurück.) Angst? Nicht doch, ihr Herrchen, für jetzt seid ihr sicher. Aber wir sehen uns wieder — und bald! (abgehend, sie immer im Auge behaltend) Bluthunde! Mörder! (ab.)

Schöning.

Was für ein Geist spricht aus diesem Menschen?

Herbert.

Ein Geist, den Sie noch kennen lernen werden. Er heißt Lassalle.

(Der Vorhang fällt.)

Zweiter Aufzug.

Erster Auftritt.

Ein Gartensalon. Marie Lambert und Pfarrer Engelmann.

Engelmann.

Sie wissen, wie mir das Loos der Arbeiter am Herzen liegt, wie ich vermittelnd und ausgleichend zwischen ihnen und den seligen Prinzipalen stand. Aber Schritt für Schritt sah ich meinen Einfluß durch den des Herrn Herbert verdrängt, der das Recht des übermächtigen Kapitals bis in seine letzten, lieblosesten Consequenzen vertritt. Heute, unter einem Prinzipal, der nur dem Vergnügen lebt, ist er vollends die Seele des Geschäftes geworden. Eine unselige, unchristliche Seele, die mir grundsätzlich überall entgegenwirkt, überall Unkraut unter meinen Waizen sät, und mir meinen geistlichen Beruf im Kreise der Arbeiter von Tag zu Tag saurer macht.

Marie.

Wahr, wahr! Oh wie tief fühl' ich den Stachel dieser Worte!

Engelmann.

Das sollen Sie nicht, meine Tochter. Was können Sie für Herrn Herbert und seine beklagenswerthe Geschäftsleitung?

Marie.

Nehm' ich nicht meinen Theil an ihren Früchten? Ich bin Mitbesitzerin eines Vermögens, an welchem — der Fluch haftet.

Engelmann.

Sie gehen zu weit. Der Fluch haftet an unrechtem Gut, aber unrecht Gut ist dieses Vermögen nicht, wenn auch nicht schön, nicht in christlichem Geiste erworben. Was daran haftet ist der Schweiß der Armen, und dieser Schweiß wurde bezahlt, zwar nur kärglich, aber doch bezahlt. Hüten Sie sich, mein Fräulein, vor jenem wahnsinnigen Evangelium des Sozialismus, als habe Jeder ein angebornes Theilrecht an den Gütern dieser Erde, als seien die Armen die unterdrückten Brüder einer Familie, von den Reichen um ihr Erbe gebracht. Die Armuth ist eines der vielen Uebel, die in der Nothwendigkeit der Natur wurzeln; wer sie ein Unrecht nennt, klagt nicht die Menschen an, sondern den Himmel. Oder thut etwa der Schöne dem Häßlichen Unrecht, weil er schön ist? Der Gesunde dem Kranken, weil er gesund ist?

Marie.

Aber es ist doch unsere christliche Pflicht, das Loos des Armen zu erleichtern.

Engelmann.

Unsere christliche Pflicht! Gewiß! Ich sage sogar, es ist Pflicht des christlichen Staates. Aber welches Gesetz schreibt sie vor? Das Gesetz der Liebe, kein anderes. Und so fühlt sich denn, im Anblick des Elends der Millionen, die weltbewegende Macht des Wortes Liebet einander. Ja meine Tochter, dieses göttlich hohe Wort enthält die einzig richtige Antwort auf die furchtbarste Frage der Gegenwart; sie wird nicht vor dem Tage gelöst werden, wo es in den Herzen zur Wahrheit geworden ist. Oh, daß alle Herzen dem Ihrigen glichen! Ihre unerschöpfliche Wohlthätigkeit —

Marie.

Sie beschämen mich. Eine Reihe kleiner Opfer, die ich in meinem Ueberfluß nicht einmal fühle! Welches Verdienst könnten sie haben! Herr Pastor, mein Herz drängt mich nach mehr, und das ist's, weßhalb ich Sie zu sprechen wünschte. Ich möchte die Zukunft vorausleben, Alles was ich im langsamen Lauf der Jahre thuen könnte, in eine einzige That der Liebe zusammenfassen, um mir sagen zu dürfen, daß ich wirklich etwas gethan habe — kurz, ich habe beschlossen, mein ganzes Vermögen zu milden Zwecken zu verwenden. Und über die Art und Weise dieser Verwendung möchte ich Ihren Rath hören, Herr Pastor.

Engelmann.

Welcher Gedanke! Mein Gott! Haben Sie denn Ihre eigne Zukunft bedacht?

Marie.

Nicht blos bedacht, sondern bereits bestimmt. Es wird eine Zukunft sein, die irdischer Güter nicht bedarf.

Engelmann.

Versteh' ich recht? Sie wollen —?

Marie.

Den Schleier nehmen. Und nun, Herr Pastor, wissen Sie Alles. — (Nach einer Pause.) Sie schweigen? Sollten Sie ein Bedenken hegen? Oh sprechen Sie — sagen Sie mir, daß Sie meinen Entschluß billigen!

Engelmann.

(nach einer Pause). Ich billige ihn nicht, meine Tochter.

Marie.

Was ist das? Ach, ich errathe Ihre Gedanken. Glauben Sie mir, dieser Entschluß ist keine vorübergehende Anwandlung, an der die Phantasie mehr Theil hat, als das Herz. Ich habe mein Inneres geprüft, lange und gewissenhaft geprüft. Ich fühle den Willen und die Kraft in mir, einer Welt zu entsagen, in der ich mein Glück nie finden werde.

Engelmann.

Ihr Glück! Aber sind Sie auch gewiß, es hinter dem Schleier zu finden? Mißverstehen Sie mich nicht, meine Tochter. Flucht vor der Welt ist die herrlichste Blüthe des Christenthums, aber nur diejenige Flucht vor der Welt, die ihre Wurzel hat in der Liebe zu Gott. Und wie Manche, die sich hinter Klostermauern verbergen, täuschen sich über sich selbst! Sie fliehen die Welt, nicht weil sie die Güter derselben verachten, sondern weil ihnen diese Güter versagt sind. Sie bieten das halbe Herz, wo der Himmel das ganze fordert, denn die andere Hälfte bleibt in der Welt zurück. Und nun antworten Sie mir, meine Tochter: Gehören Sie zu diesen oder nicht? (Pause.) Schon lange beachte ich eine Schwermuth an Ihnen, die mich tief bekümmert. Und warum sollte sie nicht? Nannten Sie mich ja oft genug Ihren besten Freund, und ich glaube in der

That, es zu sein. Meine Tochter, sollte dieser beste Freund nicht etwas mehr Vertrauen verdienen? Wollen Sie fortfahren, ein Geheimniß vor ihm zu bewahren? Ein Geheimniß, das — ihm längst kein Geheimniß mehr ist?

Marie

(überrascht, verwirrt). Mein Gott —!

Engelmann

(nach einer Pause). Armes Kind? Ich lese in Ihrem Innern. Ihr Geheimniß heißt Liebe ohne Hoffnung. Aber warum denn ohne Hoffnung? (Mit Betonung.) Ich weiß ja, daß Schöning um Sie wirbt.

Marie

(ihr Gesicht verhüllend). Oh, schweigen Sie!

Engelmann.

Sie lieben ihn nicht?

Marie

(mit sich kämpfend). Ich kann nie die Seine werden.

Engelmann.

Sie lieben ihn nicht?

Marie

(nach einer Pause). Wohlan denn! Warum sollt' ich es vor Ihnen verbergen? Vor Ihnen, dem ich so oft die geheimsten Schwächen dieses Herzens enthüllte? Ja, ich liebe ihn, — umsonst kämpfte ich gegen mein Gefühl an — es ist mir unmöglich, ihn nicht zu lieben. Aber ihm zu entsagen, bin ich stark genug.

Engelmann.

Und müssen Sie denn entsagen?

Marie.

Ob ich muß? Herr Pastor, diese Frage erwartete ich von Ihnen am wenigsten. Sie kennen seine Grundsätze, seine Gleichgültigkeit gegen alle Religion. Das Meiste was mir heilig ist, verachtet er als Wahn, als kindisches Märchenspiel. Und dann — seine Sitten — haben nicht Sie selbst schon Andeutungen gemacht, die —?

Engelmann.

Was mir das Gerücht zutrug. Aber wie, wenn Gott Sie bestimmt hätte, der gute Engel des Mannes zu werden, den Sie lieben?

Marie.

Wie dürft' ich das hoffen?

Engelmann.

Sie dürfen es. Ich glaube, Schöning richtig zu beurtheilen. Die Quelle seiner Fehler ist Leichtsinn. Das Edle schlummert in ihm, aber es ist nicht todt. An der Seite, unter dem Einfluß eines tugendhaften Weibes wird er ein ganz Anderer werden. Gerade sein Wohlgefallen an Ihnen beweist mir, daß seine Seele den Rückweg zum Guten sucht, und unter Ihrer Leitung wird sie ihn finden.

Marie.

Welche Aussicht erschließen Sie mir! Ich, ich könnte —? Aber nein! Diese Aufgabe verlangt eine andere Kraft als die meine.

Engelmann.

Seine Kraft kennt Niemand, ehe er sie versuchte. Und rechnen Sie denn Gottes Beistand für nichts?

Marie.

Ich weiß, daß er Alles vermag. Aber wie, wenn das Gelingen dieses Planes nicht in Gottes Rathschluß läge? Wenn die Arbeit eines Lebens an unüberwindlichen Hindernissen scheiterte —?

Engelmann.

Dann würde Ihr Leben nichts anderes sein, als was es nach Ihrer Absicht durch ein feierliches Gelübde werden sollte, ein Opfer, ein großes, gottgefälliges Opfer, — denn der weiht sein Leben Gott, der es der Rettung einer verirrten Seele weiht. Muth, meine Tochter! Die Liebe überwindet Alles — muß sie nicht auch Alles wagen?

Marie

(lebhaft, sich erhebend). Sie muß! Sie will! Oh mein gütiger Lehrer und Freund! Welches Wunder haben Sie gewirkt? Eine neue Welt lacht vor meinen Augen!

Engelmann.

Also nichts mehr vom Kloster? Sie versprechen mir's? (die Hand ausstreckend.)

Marie

(ihm die Hand reichend). Verspricht man, was man so gerne erfüllt?

Engelmann.

So nehme ich denn mit erleichtertem Herzen Abschied. — Zuvor noch eine Frage: Die Tochter eines gewissen Brahm ist seit einiger Zeit hier im Hause?

Marie.

Allerdings, aber ich komme nicht in Berührung mit ihr. Sie steht in Schöning's Dienst, der, wie Sie wissen, den andern Flügel bewohnt.

Engelmann.

Schade! Ich wollte Ihnen dieses Mädchen empfehlen, — ihres Vaters wegen, an dem ich besondern Antheil nehme.

Marie.

Ich kenne ihn wohl. Ein wackrer Mann!

Engelmann.

Das ist er — die Perle unter meinen Fabrikarbeitern! Und jetzt, Gott befohlen, meine Tochter

Marie.

Auf Wiedersehen — auf baldiges Wiedersehen! (Engelmann ab, Marie, nachdem sie einen Augenblick still gestanden, eilt nach dem Vordergrunde, preßt zuerst beide Hände sprachlos gegen das Herz, dann mit lebhafter Geberde zum Himmel blickend.) Wie ist mir? So leicht, so unaussprechlich selig leicht, als berührte mein Fuß die Erde nicht mehr, als trüg' es mich hinauf, immer höher hinauf — um mich her Licht, Liebe, Vollendung, Hochgesang der himmlischen Chöre! Sein guter Engel! Ja, ich will sein guter Engel sein! Ich will ihn lieben und — (mit sanftem, innigem Ton) glücklich sein! — Horch! Tritte! Es ist Herbert! Ach, es gibt auch böse Engel. Wenn dies der seinige wäre? Oh dann Krieg, Krieg zwischen uns! — Sein Anblick ist mir zuwider. Fort! (will rasch abgehen.)

Zweiter Auftritt.

Die Vorige. Herbert.

Herbert

(macht, da er Marie erblickt, eine Verbeugung). Sieh da, Fräulein Lambert! (Marie geht schweigend, ihn fest und streng anschauend, an ihm vorüber und entfernt sich durch eine Seitenthüre.) Was war das? Ein Flankenmarsch mit Rückzug! Nun, Fräulein Lambert's Liebling war ich nie, aber dieser Blick hielt mir eine complette ausgearbeitete Strafpredigt, und der Sinn war: Ich mag dich nicht. Offen gesagt, ich mag sie auch nicht. Und wäre auch recht begierig zu wissen, ob Schöning wirklich an der frommen Trauerweide Gefallen findet. Ein Geschöpf, bei dessen Anblick Einem fort und fort die sogenannten vier lezten Dinge einfallen — und er mit seiner freien, ungebundenen Denkart, er, der rasende Genußmensch! Aber Gott sei Dank, ich verstehe mich auf diese Dinge herzlich schlecht. Ich hätte früher auch darauf geschworen, wer zwei liebe, liebe eigentlich gar keine, aber es scheint anders. Es scheint man kann für die blonde Marie schwärmen, und sich doch von dem schwarzen Hannchen bedienen lassen, es scheint —. Pfui, was kümmert's mich? Es kümmert mich auch nichts, daß das schwarze Hannchen noch heute Abend in die Residenz geht, um — Putzmacherei zu lernen. Der Herr Prinzipal reist in ein paar Tagen nach. Zu welchem Zweck? Was weiß ich? Er ist wißbegierig, vielleicht will er sich ebenfalls im Putzgeschäft etwas umthun.

Dritter Auftritt.

Der Vorige. Schöning.

Schöning.

Es bleibt jetzt dabei, Herbert, ich reise übermorgen.

Herbert.

Ah?

Schöning.

Wie lange ich ausbleibe, läßt sich noch nicht bestimmen.

Herbert.

Natürlich!

Schöning.

Ich sehe, die Reise verdrießt Sie. Aber trösten Sie sich. Es ist die letzte.

Herbert.

Für dieses Jahr?

Schöning.

Für — für lange Zeit! Lächeln Sie nicht gar so grimmig. Mit dieser Reise schließt der Wildfang ab, der Fabrikant beginnt.

Herbert.

Ich bin neugierig.

Schöning.

Inzwischen sind Sie Herr hier. Kommen Sie, alter Sünder! (ihm auf die Schulter klopfend.) Ich müßte Sie schlecht kennen, wenn — das so bitter schmeckte —

Herbert.

Zu einer solchen Zeit? Wo der sozialistische Wahnsinn unter den Arbeitern immer mehr um sich greift?

Schöning.

Bleiben Sie mir mit Ihren Gespenstern vom Leibe!

Herbert.

Gespenster? Nun, warten wir's ab. Wenigstens werden Sie nicht sagen können, daß ich Sie nicht warnte.

Schöning.

Apropos! Wie macht sich unser neuer Aufseher?

Herbert.

Herr Brahm junior? Nicht übel. Der Mensch fühlt sich äußerst wichtig in seiner jungen Würde und — was noch spassiger ist — singt Ihr Lob in allen Tonarten!

Schöning.

Wie lang ist's her, so nannte er mich einen Mörder!

Herbert.

Ich sagte es Ihnen ja voraus. Er ist das erste scheue Pferd nicht, das den Weg zur Krippe zurückfand. Der Junge ist zahm, der Alte noch zahmer, und die Tochter — am zahmsten. (Schöning wendet sich ab.) — Es bleibt also dabei?

Schöning.

Bei was?

Herbert.

Daß die Tochter nach Berlin geht?

Schöning.

Sie reist heute Abend ab.

Herbert.

Und Sie übermorgen?

Schöning.

Nun ja! Wen kümmert das?

Herbert.

Oh, mich gar nicht! Wenn's nur Andere nicht kümmert!

Schöning

(betreten). Andere? Sie glauben doch nicht, daß Marie —?

Herbert.

Etwas merkt? Nein! Wenigstens weiß ich nichts davon. Aber ein gewisses, fatales Gerücht kriecht herum, und wer kann verbürgen, daß es nicht zuletzt auch zu ihr kriecht?

Schöning

(unruhig auf- und abgehend). Verdammt! — (stehen bleibend.) Jedenfalls bleibt es bei unsrer Abrede, Herbert. Sie haben ihr auf ihre Bitten den Platz in der Residenz verschafft. Ich weiß von nichts.

Herbert.

Das heißt, ich soll wieder einmal für den Herrn Prinzipal lügen. — Also nach Berlin? Sie thuen wirklich viel an dem Mädchen, recht viel. Zuerst das christliche Liebeswerk hier im Hause, und nun —

Schöning.

Herbert!

Herbert

(mit Betonung). Ich denke, es ist jezt bald genug an ihr — gut gemacht?

Schöning.

Sie sind ein Teufel!

Herbert.

Großen Dank!

Schöning.

Gut gemacht? Gott sei mein Zeuge, daß mein Gedanke rein war wie der eines Kindes, als ich jenes Wort aussprach!

Herbert.

Auch damals noch, als Sie sie in's Haus nahmen?

Schöning.

Und Sie dürfen mich in's Verhör nehmen? Sie, der Kuppler, der mir sie lieferte?

Herbert.

Kuppler? Das Wort verbitte ich mir, Herr Prinzipal! Ich bingte sie in Ihrem Auftrag als Stubenmädchen, wohlgemerkt, als Stubenmädchen! Ich erklärte dem widerspänstigen Alten in Ihrem Auftrag, daß Sie die besten Absichten hätten — Ersatz für gewisse vergangene Dinge und so weiter. Was kann ich dafür, daß der Herr Prinzipal nachträglich aus der Rolle fiel? Daß er, statt Alles an dem Mädchen gut zu machen, Eins und das Andere an ihr schlecht machte? Und jetzt schleppen Sie sie gar mit sich in die Residenz. Und das Ende? Ich will doch sehen wie das endet! Soll vielleicht Fräulein Lambert die Weberstochter als Gesellschaftsdame mit in den Kauf nehmen?

Schöning.

Fräulein Lambert? Oh, damit hat's gute Wege!

Herbert.

Ah! Ist die Parthie aufgegeben?

Schöning.

Sie sagten mir seiner Zeit, daß sie nie heirathen wolle, und ich glaubte Ihnen nicht. Jetzt hab' ich's aus ihrem eigenen Munde.

Herbert.

Sie haben angefragt?

Schöning.

Vor meiner Abreise wollt' ich ein für alle Mal in's Reine kommen. Ich bin nun im Reinen.

Herbert.

Gott sei Dank!

Schöning.

So?

Herbert.

Nur Schade, daß sich ihr Theil Fabrik nicht heirathen läßt, ohne sie mitzuheirathen!

Schöning.

Gemeine Seele!

Herbert.

Nun ja! Soll ich wirklich glauben, daß es Ihnen um die Trauerweide zu thun war?

Schöning.

Mensch! An mir mögen Sie Ihren boshaften Witz üben, aber nichts gegen sie — verstanden? — nichts gegen Marie! Kann auch eine alte, vertrocknete Häringsseele wie Sie, ein edles Mädchen begreifen? Es wäre Jammerschade, wenn sie Ihnen gefiele!

Herbert.

Sehr fromm, sehr salbungsvoll! Mich wundert nur, daß Sie Ihre Fasten nicht besser halten!

Schöning.

Oh, ich verstehe Sie! Was geht mich das Evangelium des guten Mädchens an? Ich mag sogar Religion beim Weibe wohl leiden. Sie mag mich nicht — gut! Wer weiß, ob sie so Unrecht hat? Deßwegen ist und bleibt sie doch ein auserlesenes, herrliches Geschöpf, und ich will ihr Ritter sein gegen Jeden, der ihre Farben bemäkelt!

Herbert.

Und doch das schwarze Hannchen daneben? (abgehend.) Ich muß in's Geschäft, Herr Prinzipal! (ab.)

Schöning.

(allein auf= und abgehend). Was will der Mensch? Soll ich den arkadischen Schäfer spielen und über dem Traum von einer Chloe das Leben vergessen? Pah! Ich denke ein recht zahmer, sittsamer Ehemann zu werden, aber die Zeit vorher gehört mein. Das Füllen wird früh genug von der Weide hereingeholt. (Still stehend.) Wenn sie mir Hoffnung gemacht hätte, damals als ich zurückkam, wenn sie mir nur eine entfernte Aussicht eröffnet hätte — es wäre doch soweit nicht gekommen — so weit nicht! (Ein Bedienter tritt ein.) Was gibt's?

Bedienter.

Dies Billet von Fräulein Lambert. (überreichend.)

Schöning.

Von ihr? (Bedienter ab. Oeffnet, liest, fährt überrascht zusammen, dann laut lesend:)

„Noch gestern setzte ich Ihrer Werbung ein offenes, unumwundenes Nein entgegen. Heute bestehen die Gründe nicht mehr, die mich dazu veranlaßten, und ich trage kein Bedenken, ebenso offen und unumwunden Ja zu sagen" — Träum' ich denn?

Vierter Auftritt.

Der Vorige. Marie Lambert tritt ein, und bleibt, da sie ihn erblickt, verwirrt stehen.

Schöning

(gegen sie eilend). Marie!

Marie

(verwirrt). Herr Schöning —! Ich vermuthete Sie nicht hier —

Schöning.

Diese Zeilen Marie, diese herrlichen Zeilen —!

Marie

(ihr Gesicht mit den Händen bedeckend). Ich bin so verwirrt — Gott —!

Schöning

(ihre Hand fassend). Sie lieben mich also doch — doch?

Marie

(ihn warm und voll anschauend). Ferdinand! (Er umarmt sie.) Dieser Brief kostete mich unsägliche Ueberwindung. Und Sie fragen noch, ob ich Sie liebe?

Schöning.

Von heute an nicht mehr! Aber mein Gott, wie konnt' ich erwarten —? (Er hält sich die Hand vor die Augen.)

Marie.

Was fehlt Ihnen?

Schöning.

Fehlen? Nicht das Geringste! Was könnte mir jetzt fehlen, wo ich diese Hand in der meinigen halte? Aber so plötzlich am Ziel meiner Wünsche zu steh'n, nachdem Sie mir gestern erst jede Hoffnung genommen hatten — ein Räthsel Marie, ein süßes Räthsel! Wollen Sie mir's lösen?

Marie.

Jetzt nicht! Sie sollen Alles erfahren, Ferdinand, aber jetzt nicht. Nur das Eine glauben Sie mir, daß ich mir stets gleich blieb. Mein Entschluß konnte wechseln, mein Herz nicht — es gehörte Ihnen immer!

Schöning.

Ahnt' ich es doch! So sehr auch die spröde Mündel mit ihren Gunstbezeugungen geizte! Aber das liegt hinter uns, ich halte Dich im Arme, als mein rechtmäßiges Eigenthum — ich halte Dich, um Dich nimmer zu lassen!

Marie.

Nimmer? (sie seufzt.)

Schöning.

Warum diesen Seufzer?

Marie.

Verzeihung! Ich dachte an den nahen Abschied. Diese Reise, Ferdinand — müssen Sie sie machen?

Schöning.

Die Reise? Nun freilich — die wird sich wohl nicht umgehen lassen — ich habe wirklich noch allerlei in der Stadt zu ordnen. Aber das wird ja bald geschehen sein, recht bald, und dann soll die Residenz nie mehr mit Dir theilen. Ist's so recht?

Marie.

Ob Ihr Glück sich mit dieser ländlichen Stille verträgt? Oh Ferdinand! Was will ich, als Ihr Glück?

Schöning.

Was braucht es dazu, als meine Marie? Ein Leben mit ihr und für sie? Ja, Marie, mein Leben soll Dir geweiht sein, Du sollst erkennen, daß Du Deine Liebe keinem Unwürdigen —! (hält ein.)

Marie.

Was haben Sie?

Schöning

(sich fassend). Oh nichts, durchaus nichts! Mir war's nur im Augenblick, — mir schien's, als hörte ich Jemanden kommen —

Marie

(sich von ihm losmachend). Mein Gott! Wenn man uns hier überraschte —! (will abgehen).

Schöning.

Marie! Wohin?

Marie.

In's Haus! Es darf mich Niemand hier finden, Ferdinand. Wollen Sie nachkommen?

Schöning.

Ob ich will?

Marie

(geht ab, wendet sich nahe der Thüre noch einmal um, wie zum Gruße, dann eilt sie auf ihn zu, ihn umarmend). Geliebter Mann! (nach einer Pause.) Oh sprich! Täuschst Du Dich nicht über dich selbst? Ist's denn auch gewiß, ganz gewiß, daß Du mich liebst —?

Schöning.

Du zweifelst?

Marie.

— So innig, so ganz, so ungetheilt — so, wie ich Dich liebe, Ferdinand?

Schöning.

Marie!

Marie.

Oh, wenn Dein Herz nicht laut für mich spricht, wenn es irgend einen Vorbehalt macht — jetzt kann ich noch verzichten, Ferdinand, jetzt! Sieh, der Gedanke peinigte mich oft, ich bekenn' es, als ob Du mich doch nicht ganz verständest, als ob Du vergessen könntest, daß die Liebe Alles gibt, aber auch Alles dagegen fordert. Sag' mir's, daß Du mein bist, ganz mein, — schwöre mir's, Ferdinand! Nein! Schwör es nicht! Ich glaube Dir. Oh, die Liebe glaubt ja so gern!

Schöning

(sie umarmend). Herrliches Mädchen!

Marie.

Wie schön das Leben ist! — (nach der Thüre gehend, wobei er sie geleitet). Du kommst bald nach? Ja? Bald! (ab.)

Schöning

(erregt). Ein Himmel voll Liebe! Und an wen verschwendet? Elender, der ich bin! (wirft sich in einen Sessel.) Im Spiegel dieser reinen Seele mein Bild zu erblicken — ein Bild, schwarz wie der Teufel! Pfui! (Er steht auf.) Was nun? So viel ist klar, ich muß mich von der Andern losmachen, rasch, rücksichtslos, kost' es, was es wolle! Thränen wird's jedenfalls kosten, viel Thränen. Armes Hannchen! Und ich selbst — werd' ich das entscheidende Wort über die Lippen bringen?

Fünfter Auftritt.

Der Vorige. Hannchen Brahm in eleganter Toilette, eine Rose in der Hand, tritt auf.

Hannchen

(in scherzhaftem Tone). Herr Schöning!

Schöning

(sie erblickend, betreten). Hannchen! Du hier —?

Hannchen

(im vorigen Tone). Ich komme um mich dem gnädigen Herrn in diesem neuen Anzuge vorzustellen. Wie gefällt er Ihnen? Er ist ein Geschenk meines Liebsten.

Schöning

(verlegen umherschauend). Aber ich bitte dich Hannchen —! Wenn Jemand dazu käme —

Hannchen.

Mein Gott, wie ängstlich! — Nun? Wie bin ich? (sich wohlgefällig musternd.)

Schöning

(aufmerksam werdend). Reizend, in der That!

Hannchen.

Wirklich? So nehmen Sie hin! (sich an seine Brust schmiegend). Alles gehört Ihnen! — Nur eins will mir nicht gefallen. Die Aermel sind doch zu kurz —

Schöning.

Für diese vollen, weißen Arme? (einen ihrer Arme ergreifend.) Unmöglich! (bei Seite.) Hätt' ich die Augen verbunden! Es wäre besser. (Hannchen wirft die Rose zu Boden.) Was hast du?

Hannchen

(schmollend). Nun ja, sehr viel! Sie sind so einsilbig, so kalt — nicht einen einzigen Kuß haben Sie mir gegeben!

Schöning.

Närrchen! (er küßt sie, sie umschlingt ihn mit den Armen.) Dein Gesicht glüht. Ist das Fieber?

Hannchen.

Kein Fieber — nur Liebe, heiße Liebe zu diesem eiskalten Mann! Aber warten Sie nur! Wenn wir in der Stadt sind, werd' ich mich rächen — am ersten Tag, wo Sie mich besuchen wollen, sollen Sie die Thüre verschlossen finden! — Sie kommen doch bestimmt übermorgen nach?

Schöning

(nach einer kurzen Pause). Hannchen! (er nimmt sie bei der Hand, sie blickt ihn befremdet an.) Dein Vater hat dich wohl recht lieb?

Hannchen

(erregt). Mein Vater? Oh, Alles, nur nicht diesen Namen! Sie wissen doch, daß er mir einen Stich in's Herz gibt — (ihr Gesicht verhüllend.)

Schöning.

Er ahnt gar nichts von Deinem Vorhaben?

Hannchen.

Was fragen Sie? Mein Vater! Mein armer Vater! Ich vermied diesen Gedanken wie Feuer, und nun erinnern Sie mich daran, daß ich ihm das Herz breche!

Schöning.

Wie, wenn Du hier bliebst, Hannchen?

Hannchen

(das Gesicht aus den Händen erhebend, ihn betroffen anschauend, leise). Was ist das?

Schöning.

Hannchen, ich habe mir's noch einmal überlegt. Es wäre besser so.

Hannchen.

Besser?

Schöning.

Nicht bloß für ihn, auch für Dich, Hannchen, — für uns Alle!

Hannchen

(ihre Hand an die Stirne legend). Wie ist mir denn?

Schöning

(den Arm um ihre Taille legend). Nicht so, Hannchen! Komm! Sei einmal so vernünftig, als schön. Sieh, Du seufztest oft mitten unter unsern Küssen, wenn der Gedanke an die Zukunft —

Hannchen

(sich von ihm losreißend). Ha! nun durchschau' ich Sie!

Schöning.

Was willst Du?

Hannchen

(leidenschaftlich). Darum also waren Sie so kalt, darum so verschlossen? Weil Sie den Verrath im Herzen trugen —?

Schöning.

Aber Hannchen —!

Hannchen

(wie vorhin). In Ihren Augen les' ich's!

Schöning.

Es handelt sich ja nur um diese Reise! In einigen Wochen bin ich wieder hier!

Hannchen.

Oh still! In einigen Wochen? Und noch gestern sagten Sie mir, daß Sie Ihren Aufenthalt ganz in der Stadt nehmen wollten, daß Sie nur dann und wann, des Geschäftes wegen, hier sein müßten, daß Sie —! Was red' ich noch? Oh mir ahnte ja, daß dieser Tag kommen würde!

Schöning.

Du verkennst mich, Hannchen. Gerade, wenn ich dich weniger liebte, wenn nicht die Sorge für dein Glück —

Hannchen.

Glück? Warum dachten Sie nicht an mein Glück, da es noch Zeit war? In jener Stunde, da Sie schwuren, mir für immer gehören zu wollen, da mein guter Engel zum letzten Male zwischen uns stand? Zum letzten Male! Seitdem kam er nicht mehr zurück, seitdem kann ich nicht mehr beten, seitdem ertrag' ich meines Vaters Angesicht nicht mehr — seine Liebe martert mich, wenn er mir so zärtlich stolz die Hand auf's Haupt legt, und mich sein gutes, goldnes Hannchen nennt, mich, die Verworfne!

Schöning.

Hannchen, ich bitte Dich —!

Hannchen.

Gehen Sie! Verrathen Sie mich! Ich wollte den alten Mann ja auch verrathen! Oh, ich fühl's, sein Fluch eilt der Stunde voraus! Wohin ich mich wende, Nacht — Finsterniß — Abgrund! Verzweiflung, wenn ich gehe, Verzweiflung wenn ich bleibe! (sie droht, zu sinken).

Schöning

(sie haltend). Hannchen! Wenn Dir soviel an der Reise liegt —! Um's Himmels Willen, komm' zu Dir! — (für sich) Dieser Auftritt! (zu Hannchen) — Wie ist Dir, Hannchen? Bei Gott, ich kann Dich nicht so leiden sehen!

Hannchen

(sich losmachend, matt). Lassen Sie mich, — ich —

Schöning.

Nicht diesen starren Blick, Hannchen!

Hannchen

(ihn matt anschauend, während sie rückwärts gegen die Thüre schwankt, mit abgebrochener Stimme). Es gibt ja wohl — noch einen Ort, wo man — mich und meine Schande — nicht findet —

Schöning

(ihr nachgehend). Aber, ich beschwöre Dich —!

Hannchen

(lebhaft). Rühren Sie mich nicht an! Ich — verachte Sie! (rasch ab.)

Schöning.

Hannchen —! — Das fehlte noch! Wer hätte an eine so tiefgehende Leidenschaft gedacht? (nach einer Pause, während der er heftig auf= und abgeht). Nun denn! Es geht in Einem hin. Ein schönes Weib, das sich in meine Arme hineinzwingt! Sie will mit, und sie soll's! Noch einmal will ich den Taumelkelch an die Lippen setzen, noch einen tiefen Zug daraus thuen, und ihn dann wegwerfen, weit, weit weg — bis hinunter in die Hölle, die ihn credenzt hat! (geht rasch ab).

Sechster Auftritt.

Zimmer in der Wohnung des Vater Brahm. Im Hintergrund an der Wand ein kleines Kruzifix, unterhalb desselben ein mit einem Teppich bedeckter Tisch, worauf, zwischen zwei gefüllten Blumenvasen, ein Buch liegt. Steffen Brahm, Stüttgen und Spitz treten auf.

Spitz.

Ist's möglich, Gevatter? Ihr wollt dem Bund nicht beitreten?

Stüttgen.

Pack' ein Spitz, pack' ein —

Spitz.

Schade, sehr schade! An die Zweitausend haben unterschrieben — da ist die Liste. — Alle mit Anstand und Freudigkeit! Aber die Sache verlangt einen Mann, der Autorität unter uns hat, sagt' ich, eine Capuzität, meine Herrn. Wo suchen wir die Capuzität? Und alle Lippen cirkulirten den Namen Brahm —

Stüttgen.

Und der Spitz stand doch vor ihnen in Lebensgröße! 'S ist curios!

Spitz.

Stüttgen, wollt Ihr mich im Dienst des souveränen Volks beleidigen?

Brahm.

Herzlichen Dank für die Ehre allen meinen lieben Kameraden. Aber sagt ihnen, für Verschwörungen wär' ich der Mann nicht, und zum Commandiren noch weniger — wär' auch im Uebrigen mit meinem Loose zufrieden. —

Spitz.

Ein Fabrikler und mit seinem Loos zufrieden? Das ist ein starker Tabak! Man calculirte gerad', daß ein Mann wie Ihr,. den der Tyrann eben erst nackt auszog, sozusagen — der, sozusagen, noch das frische Conto mit ihm hat —

Brahm.

Meint Ihr? Nun seht, Spitz, das Conto hab' ich zerrissen. Keiner ist zu arm, um ein Christ zu sein, Spitz, und ein Christ vergibt.

Spitz.

Christ, Christ? Pah, über den alten Pfaffenspuck sind wir hinaus, Gevatter! Arbeiterkatechismus Seite 1. Absatz 4! — (sucht in der Brusttasche) Daß dich —! Jetzt hab' ich ihn richtig daheim gelassen!

Brahm.

Gebt Euch keine Mühe, Spitz. Ich bleibe bei meinem alten Katechismus. Zudem muß ich sagen, seit mich die Noth in die Fabrik zwang, hat der junge Herr Alles gethan, um mir das Vergeben leicht zu machen.

Stüttgen.

Gethan? Was hat er gethan, Vetter?

Brahm.

Nun ja, nicht eigentlich an mir, aber an meinen Kindern. Was fehlt mir, wenn's meinen lieben Kindern nicht fehlt? Ich esse meine Kartoffeln und danke Gott.

Spitz.

Kartoffeln? Puh! Volkssouveränität und Kartoffeln!

Stäffgen.

Was meint Ihr zu Kartoffelschnapps, Spitz? Schon etwas edler, was? Ehrlich, Gevatter! Wie hoch kommt Euch die rothe Nase per Woche?

Spitz.

Brauch' ich dir's auszurechnen? Hie und da ein Gläschen, Gevatter Steffen, nicht zum Luxus, nur zum Trost, versteht Ihr! Alle Sklaven suchen Trost, Gevatter. Aber der geht jetzt auch noch schleifen, wenn der Lohn wirklich heruntergesezt wird. Potz Schwefelfaden! Das schlägt dem Faß den Boden aus! Alles ist einig! An dem Tage, wo das geschieht, hört der letzte Webstuhl auf zu gehen, und der kleine Verwalter mag sich allein haspeln!

Brahm.

Bedenkt's wohl! Mir ahnt, es nimmt kein gut' End'.

Stäffgen.

Ja, mir ahnt auch so was!

Brahm.

Um so mehr wundert's mich von Euch, Stüttgen, daß Ihr Euch auf das Abenteuer einlaßt.

Stüttgen.

Je nun, Vetter — eigentlich wundert's mich selbst, aber — (sich hinter den Ohren kratzend) 's ist das mit mir ein ganz apartes Ding, Vetter. Da schaut mich einmal an! Den Elephanten von einem Menschen, he? Die Arme da! — und den Brustkasten! — und die Stempel von Beinen! 'S ist der reinste Luxus in Menschenfleisch! Und jetzt, Vetter, taxirt einmal erst dem Kerl seinen Appetit. Wie ist's denn menschenmöglich, daß ich mit dem bischen Lohn auskreiche?

Brahm.

Da seid Ihr freilich übel dran!

Stüttgen.

Na, ob? Ich war auch schon bei dem Verwalter wegen dem Umstand, und meinte, er sollte mir eine kleine Appetitzulage machen, aber der wollt' nichts davon wissen. Und da haben sie mich denn richtig zu dem Complott drangekriegt. — Aber nun sagt mir doch, Vetter, warum hier Alles so flott aufgeputzt ist? Man meint ja, bei Euch wär' der höchste Feiertag!

Brahm.

Das ist's auch, Stüttgen! Mein Hannchen hat heut' ihr Namensfest. Da schaut! (Das Buch vom Tisch nehmend und vorzeigend.) Das kriegt sie von mir.

Stüttgen.

Ein Gebetbuch!

Spitz

(das Buch neugierig betrachtend). Na, der Luxius! Rings herum Gold!

Brahm.

Ich hab' mir's auch am Mund abgespart. In dem Gold steckt mein Kartoffelschnaps, Freund!

Stüttgen.

Ihr wartet gar auf sie, Vetter?

Brahm.

Ja freilich! Sie hat mir versprochen, sich für heute Abend frei zu machen.

Stüttgen.

Kommt, Spitz!

Brahm.

Ei, so bleibt doch!

Stüttgen.

'S geht nicht, Vetter!

Spitz.

'S geht durchaus nicht, Steffen!

Brahm.

Na, nur zu! Einen Krambambuli gibt's auch noch —

Stüttgen.

Schön' Dank! Kommt, Spitz! (für sich) Ich mag sie nicht seh'n, 's schneidet mir durch's Herz.

Brahm

(eine Flasche vom Gesimse nehmend, vorzeigend). Aechter Doppelkümmel, Spitz!

Spitz.

Was meint Ihr zu den Conditionen, Stüttgen?

Stüttgen.

Oh, Ihr könnt ja bleiben!

Brahm

(zu Stüttgen). Na, was ist denn das eigentlich mit dir, Junge?

Stüttgen.

Ich muß einmal dumm fragen, Vetter! Wie kamt ihr denn dazu, das Hannchen in's Herrnhaus zu geben?

Brahm.

Wie? Gott weiß, es ward mir schwer genug. Aber Herr Herbert redete mir so ein — er drohte sogar, mir die Arbeit zu kündigen!

Spitz

(zu Stüttgen). Hört Ihr's?

Stüttgen

(für sich). Daß ich nicht dabei war!

Brahm.

Und das Hannchen lag mir selbst d'rum an —

Spitz.

Aha!

Brahm.

Was wollt' ich da thun? Nuu, heute reut mich's nicht. Das Kind ist versorgt —

Spitz

(gegen Stüttgen). Versorgt! Hm!

Brahm.

Sie weiß nicht genug zu erzählen von der guten Behandlung —

Spitz

(gegen Stüttgen). Gute Behandlung! Hm!

Brahm.

Aber was heißt denn das? Ihr thut ja so seltsam! Stüttgen —!

Stüttgen.

Nun, Vetter, Ihr wißt ja wohl, wie lang ich dem Hannchen zu Gefallen ging —

Brahm.

Und freute mich darüber, mein Sohn. Mach nur einmal Ernst und du sollst schon —

Stüttgen

(wehmüthig). Ach, damit ist's vorbei!

Spitz

(wichtig den Kopf wiegend). Vorbei, ihr lieben Brüder, vorbei!

Stüttgen

(für sich). Ich mag nicht, was ein Anderer auf dem Teller läßt.

Brahm

(stutzend). Stüttgen! Was habt ihr gegen mein Kind?

Stüttgen.

Einmal muß es vom Herzen! Ist's denn möglich, Vetter, daß Ihr gar nichts wißt —?

Brahm.

Was sollt' ich wissen?

Stüttgen.

— Was sich die Leute erzählen?

Brahm.

Wie?

Stüttgen.

Grad' heraus — daß es die Hannchen mit dem Fabrikanten hat?

Spitz.

So ist's Gevatter! So ist's!

Brahm

(heftig). Das lügt ihr!

Spitz.

Der gute Gevatter!

Stüttgen.

Es heißt auch, der Franz wär' nicht umsonst Aufseher geworden, den hätte die Hannchen angestellt.

Spitz.

So heißt's, Gevatter, so heißt's!

Brahm.

Mein Kind? Mein Hannchen wäre schlecht genug —? Habt ihr auch dem Kind jemals in die Augen geschaut? 'S ist kein falsches Aederchen an ihr! — (schmerzlich) Oh mein Gott —! (sich mühsam fassend.) Was ereif' ich mich denn? Ich bin ja meiner Sache sicher. Glaubt, was ihr wollt, ihr Herrn! Aber das sag' ich Euch, Vetter, so gewiß Ihr mein Kind jetzt nicht bekämt, wenn Ihr auch wolltet — so gewiß wärt Ihr einmal froh darum!

Stüttgen.

Ach, Vetter, Ihr thut mir schwer Unrecht. Da diese Hand wollt' ich drum geben, wenn ich glauben dürfte, daß die Welt lügt. Aber wenn's wirklich wahr ist, daß sie mit ihm nach der Residenz geht — als Putzmacherin, sagen die Leute —

Brahm

(erstaunt). Mein Hannchen?

Spitz

(bestätigend, wichtig). Als Putzmacherin! Ihr lieben Brüder, als Putzmacherin!

Brahm.

Nun seht ihr ja, daß Alles Lug und Trug ist! Davon müßte sie mir doch auch etwas gesagt haben!

Stüttgen.

Wer weiß? 'S kommt vor, daß die Töchter hinter'm Rücken der Eltern davongehen.

Spitz.

'S kommt vor, Gevatter!

Brahm.

Kommt vor? Oh wahrhaftig! Was kommt nicht Alles vor? Sie kann ja auch ihren Vater im Bett umbringen wollen, eh' sie geht! Nicht wahr? Kein Wort mehr! Seid ihr gekommen, um einen armen Mann zu Tod zu martern? Wißt ihr auch, daß ihn nichts mehr an die Erde hält, als die Liebe zu seinen Kindern? Oh mein Gott —! (er setzt sich in einen Stuhl und preßt die Hände auf's Herz.)

Spitz.

Nun, wie ist Euch, Gevatter?

Brahm

(schmerzlich). Oh — oh! Da sitzt's, da —! Warum habt ihr mir das gethan?

Stüttgen.

Nur getrost, Vetter! Vielleicht ist's ja doch nichts —

Brahm.

Du hast Recht! 'S ist nichts — 's kann ja nichts sein! (Er steht auf.) Ich bin ruhig, Gott sei Dank, ganz ruhig. Nun? Was hängt ihr die Köpfe? Muß ich euch Muth machen? Wartet's nur ab! Wenn sie kommt, sollt ihr euch alle schämen. (er hat das Buch in die Hand genommen). Horch, Schritte! Da ist sie schon!

Siebenter Auftritt.

Die Vorigen, Franz eilig herein.

Franz.

Saub're Neuigkeiten, Vater!

Brahm.

Nun?

Franz.

Das Hannchen ist fort! (Brahm läßt das Buch zur Erde fallen.)

Stüttgen.

Fort? Seit wann?

Franz.

Vor einer halben Stunde — mit dem Schnellzug! Es heißt, nach Berlin — (Vater Brahm stürzt lautlos zu Boden) Vater! (auf ihn zueilend.)

Spitz.

Er rührt sich nicht. Armer Steffen!

Stüttgen.

Zu Bett mit ihm! (indem die Andern ihn emporrichten, schmerzlich.) Hannchen, Hannchen! Ich habe Recht behalten!

(Vorhang fällt.)

Dritter Aufzug.

Erster Auftritt.

Freier Platz. Im Vordergrund rechts eine Arbeiterwohnung. Ebenfalls rechts, weiter im Hintergrunde, das gothische Chor einer Kirche, während man im Hintergrunde links den Fabrikbau erblickt. Auf einer Bank vor dem Arbeiterhäuschen sitzt Vater Brahm und schaut, den Kopf in die Hand gestützt, auf das für Hannchen bestimmte Gebetbuch, das geschlossen auf seinen Knieen liegt. Franz tritt aus dem Hause.

Franz

(nachdem er einen Blick auf seinen Vater geworfen, unwillig auf- und abgehend). Die alte Leier! Ich bin's satt bis an den Hals. — (Stehenbleibend.) Vater! (da Brahm nicht hört.) Vater! — Habt Ihr keine Ohren mehr?

Brahm

(aufblickend). Was gibt's?

Franz.

Ich geh' jetzt auf's Comptoir hinüber, daß Ihr's wißt.

Brahm.

Gut.

Franz.

Will doch sehen, ob's das Lumpengesindel ausführt und heute die Arbeit einstellt. Wenn's mir nachginge, wär' das Lumpengesindel in einer halben Stunde niederkartätscht.

Brahm.

Sprich nicht so. Es sind arme Leute und Deinesgleichen.

Franz.

Meinesgleichen? Das hättet Ihr auch für Euch behalten können. — (Stehen bleibend.) Wie steht's denn jetzt mit Euch? Seid Ihr wieder kräftig genug? Dann laß' ich Euch auf die Liste setzen, zu denen, die fortarbeiten wollen —

Brahm

(nach einer Pause, seufzend). In Gottes Namen!

Franz.

Oder wollt Ihr noch ein Paar Tage zusehen? Mir ist's eins. Notabene, wenn Ihr Geld habt! Denn von mir etwas zu nehmen, seid Ihr ja zu hochmüthig —

Brahm.

Lieber verhungern!

Franz.

Nur zu! Nichts Spaſſigeres, als ein hochmüthiger Bettelmann!

Brahm

(gereizt). Junge! Bring mich nicht außer mir! Anders machen kann ich dich nicht, aber laſſ' mich wenigſtens, wie ich bin. Soll ich Dir abermals ſagen, wie Du Deinen doppelten Lohn verdienſt? Soll ich Dir erzählen, wie Du Aufſeher geworden biſt? Hätteſt Du Ehre im Leibe — nur einen Funken —!

Franz.

Ehre? Pah! Bei mir kommt der Magen vor der Ehre! (er geht pfeifend auf und ab).

Brahm

(für ſich). Mein Gott, verlaſſ' mich nicht!

Franz.

'S iſt die erſte Mätreſſe nicht, die für ihre Verwandtſchaft ſorgte — und ich bin nicht der Erſte, der zugriff.

Brahm.

Oh, Du biſt ſo ſchlecht, wie ſie! Nein, ſchlechter! Sie ſchämte ſich doch, hier zu bleiben — ſie trug doch ihre Schande nach Berlin —

Franz.

Soll ein hübsches Städtchen sein. Schade, daß es mir so weit abliegt!

Brahm

(außer sich). Mensch! Schändlicher, Verworf'ner! Ist's nicht genug, daß Dein alter Vater das Messer im Herzen hat? Mußt Du's noch d'rin herumdrehen? Fort! Aus meinen Augen!

Franz.

Oh, das kann ich ja! Und komm' auch nicht mehr zurück, merkt's Euch. Euer ewiges Gesalbader steht mir jetzt g'rad zum Hals heraus! Franz, der Aufseher empfiehlt sich. (Ab.)

Brahm

(in der Stellung wie Eingangs des Aktes, nach einer Pause, traurig). Jetzt hab' ich kein Kind mehr. Heute, am Tag Allerseelen, verlor ich mein letztes. Heute am Tag Allerseelen, wo man um die weint, die hinüber sind, preis' ich meine Margreth glücklich, daß sie nicht länger lebte. (Nach einer Pause.) Ich bin so müd, so matt — so, als müßt' ich schlafen gehen. Warum darf ich nicht drunten schlafen bei ihr? (Pause.)

Zweiter Auftritt.

Der Vorige, Stüttgen.

Stüttgen.

Guten Tag, Vetter. Ich kann doch nicht vorbei, ohne nach Euch zu schauen. Nun, wie steht's heute? (gibt ihm die Hand.)

Brahm

(der sich erhoben hat). Ich dank' Euch, Stüttgen. Es geht gut.

Stüttgen.

Gott sei Dank! Das Fieber hatte Euch arg zusammengerafft, Vetter. Ihr lagt auf der Kirchhofsmauer —

Brahm.

Warum nur auf der Mauer? Mein Arzt ist der Tod.

Stüttgen

(seine Hand ergreifend). Armer Vetter! (Nach einer Pause.) Habt Ihr noch nichts von ihr erfahren, gar nichts?

Brahm.

Nennt mir sie nicht, Stüttgen!

Stüttgen.

Nun, nun, 's ist Euer Kind —

Brahm.

Sie war's! Gras wachse über ihrem Gedächtniß!

Stüttgen.

Ach, das sagt sich so hin, Euer Herz glaubt doch nicht d'ran. Ein Hannchen vergißt sich nicht! Kann ich sie denn vergessen? (weich.) Vetter! Wenn Ihr da hineinsehen könntet — (auf sein Herz deutend.)

Brahm

(die Hand auf seine Schulter legend). Lieber Junge! Ja, auch für Deine Hoffnung ist sie gestorben!

Stüttgen

(grimmig). Oh, ich sag' Euch, Vetter, 's ist gut, daß er mir aus den Augen ist! So wahr Gott lebt — ich würde mich unglücklich an ihm machen!

Brahm.

Unglücklich! Ja, das würdest Du. Die Herren treten uns, bis wir zurück treten — und dann sitzen sie über uns zu Gericht.

Stüttgen.

Aber nun sagt mir einmal, Vetter, was habt Ihr vor? Denkt Ihr immer noch, weiterzuarbeiten?

Brahm.

Soll ich verhungern?

Stüttgen.

Nein, was das betrifft — Ihr wißt, wir haben in unserm Gewerbsverein ein hübsches Sümmchen beisammen, das muß während des Strike's herhalten — und wenn Ihr beitreten wolltet —

Brahm.

Nichts mehr davon, Stüttgen! Was ich Euch und dem Spitz damals sagte, dabei bleibt's. Ich bin Keiner, der sein Wort frißt.

Stüttgen.

Aber wie kamt Ihr denn durch während Eurer Krankheit, Vetter? Da Ihr von Eurem Franz nichts annehmt?

Brahm.

Euch kann ich's sagen, Stüttgen. Der Verwalter hat mir Geld geschickt, zweimal —

Stüttgen.

Der? Dann wachsen Spargeln auf den Dächern!

Brahm.

Das heißt, das Geld kam eigentlich vom Fräulein —

Stüttgen.

Ja, das ist was anders! Gott segne das christliche Herz! Die könnt' ich heirathen — auf der Stell'!

Brahm.

Ja, es gibt noch gute Menschen. Wüßt' ich's nicht, — wer weiß, ob ich selbst noch gut wäre?

Stüttgen.

Ihr geht wohl zur Kirche, Vetter?

Brahm.

Nein.

Stüttgen.

Am Allerseelentag? Was?

Brahm.

Ich halte heut' meinen Gottesdienst hier im Freien. Unser Herrgott wird vorlieb nehmen. (Da Stüttgen ihn erstaunt anschaut.) Ihr faßt das nicht? Ja, es ist weit mit mir gekommen! (Seine Hand fassend mit schmerzlicher Betonung.) Drei Wochen sind's, Stüttgen, daß Ihr mich da drin vom Boden aufhobt. Seitdem taug' ich nicht mehr unter Menschen — —

Stüttgen.

Ist's darum? Vetter, das geht zu weit! Ihr seid ein ehrlicher Mann nach wie vor.

Brahm.

Ein ehrlicher Mann! Ja, das bin ich. Oh, wenn mich das Anker nicht mehr hielte —! Ein ehrlicher Mann — aber doch vor der Welt ihr Vater, Stüttgen, doch in Schande durch mein eigenes Fleisch und Blut! Vetter, ein ehrlicher Mann braucht Zeit, um mit der Schande in einem Bett schlafen zu lernen.

Stüttgen.

Nun begreif' ich's erst, warum Ihr gestern nicht bei den Gräbern wart. (Brahm nickt lebhaft.) Daß ich's Euch nur sage, Vetter, ich hatte für meiner Mutter Grab zwei Kränze bei mir. Wie ich nun das Grab der Base so kahl sah, da dacht' ich, ein Kranz thut's auch, und hängte den großen Eurer Margreth an's Kreuz.

Brahm

(heftig bewegt, ihn mit beiden Händen am Arme packend, mit Rührung). Ist's möglich? Das hättet Ihr gethan?

Stüttgen.

Ja, warum denn nicht?

Brahm

(die Arme auf seine Schultern legend, das Haupt gegen Stüttgens Brust neigend). Vetter, Vetter, das sei Euch nie vergessen!

Stüttgen.

Ei, nicht der Rede werth!

Brahm.

Oh, wenn Ihr wüßtet, wie mir's das Herz zerriß, von dem Grabe wegbleiben zu müssen —! Aber ich konnte ja nicht hinüber — ich wagt' es ja nicht!

Stüttgen.

Nur getrost, Vetter! 'S kommen auch wieder bessere Tage.

Brahm.

Für Dich wohl, guter Junge, für mich nicht. Ein abgestorbener Baum wird nicht mehr grün. (Man hört Lärm.) Horch!

Stüttgen.

Das ist von der Fabrik her. Sie stellen eben die Arbeit ein. Wärt Ihr doch an unsre Spitze getreten, Vetter! Es hätte unsre Sache gebessert.

Brahm.

Ihr traut ihr also selbst nicht?

Stüttgen.

Was wollt Ihr? Die Mehrheit ist wohl vernünftig und weiß, was sie will und wollen kann. Aber der beste Wein hat Bodensatz, und der will niedergehalten sein. Der Spitz mit seinem verrückten Evangelium verbirbt viel — Ihr wißt, 's ist kein Narr so groß, er findet seine Gemeinde. — Behüt' Euch Gott! (Reicht ihm die Hand.)

Brahm.

Ihr geht?

Stüttgen.

Ich will hinüber. 'S gibt jetzt einen großen Aufzug vor's Herrenhaus, da muß ich dabei sein. — (Sich zum Gehen wendend.) Noch eins, Vetter! Daß Ihr nicht mit uns haltet, hat ziemlich böses Blut gemacht, und heute wird's mehr Räusche, als Paternoster absetzen. Ihr thätet gut, wenn Ihr Euch ein Bischen bei Seite hieltet. (Man hört näherkommenden Lärm mit Musik.) Wahrhaft, da kommen sie schon! Ich bitt' Euch, Vetter, geht hinein —

Brahm.

Und das heißen sie, die Freiheit bringen? In Gottes Namen! (Ab in's Haus.)

Dritter Auftritt.

Ein festlicher Zug von Arbeitern mit einer Fahne und Musik. Die Mützen mit Bändern, Blumen ꝛc. verziert. Sie marschieren auf und ordnen sich zum Halbkreis auf der Scene.

Ein Arbeiter

(Stüttgen die Hand entgegenstreckend). Stüttgen! Bruderherz!

Stüttgen.

Glückauf! Das geht ja wie einexercirt! Wollen wir gleich zu Feld rücken, was?

Der Arbeiter.

Warum nicht, wenn's sein soll? Ein tüchtiger Arbeiter ist ein Soldat im Handumdrehen. Und unsere Fahne haben wir auch schon! (deutet auf die Fahne.)

Zweiter Arbeiter.

Stüttgen, wo bleibt Ihr so lang? 'S ist ausgemacht, Ihr sollt Fahnenträger sein!

Stüttgen.

Meinetwegen! Her damit! So gut, wie bei mir, wär' sie ja doch bei Keinem aufgehoben. (nimmt die Fahne.) Hier unter Gottes Himmel fass' ich sie an und schwöre, sie zu halten gegen jeden Feind! (Bravorufe.)

Erster Arbeiter

(die Fahne entfaltend, auf welcher mit großen Buchstaben die Worte stehen: „dem König seine Ehre, der Arbeit ihr Lohn.") Kameraden, der Fahnenträger hat geschworen! Darf die Armee zurückbleiben? Schaut her! Diese Fahne sagt, was wir Alle wollen: Dem König seine Ehre, der Arbeit ihr Lohn! Nichts wider das Gesetz, aber unser Recht durch das Gesetz! Diese Fahne, Brüder, bedeutet den Arbeiterstand und seine gute Sache. Schwören wir treu zu ihr zu halten, schwören wir Alle!

Alle.
Wir schwören, wir schwören!

Erster Arbeiter.
Treu mit Gut und Blut! Treu bis zum Tod!

Alle.
Treu bis zum Tod!

Stüttgen.
So! Und jetzt vorwärts! Was meint ihr? Wir wollen sie auf dem Platz vor dem Herrenhaus aufpflanzen, es muß sich gut ausnehmen. Wir wollen sie ihnen als Riechfläschchen unter die Nase stecken!

(Tumultuarische Rufe: „Bravo! Vor's Herrenhaus! Vor's Herrenhaus." Alle mit Musik ab.)

Vierter Auftritt.

Von der anderen Seite Spitz, angetrunken, mit seinem Anhang, darunter Weiber und Kinder, einige mit Flaschen und Gläsern, treten auf, singen:

Strike, Strike, Strike muß sein!
Brüder, haltet fest zusammen,
Bis der Siegestag gekommen.
Strike, Strike, Strike muß sein,
Weber, stellt die Arbeit ein!

(An den Gesang schließt sich ein tumultuarisches Hoch.)

Stüttgen.

Glückauf! Das geht ja wie einexercirt! Wollen wir gleich zu Feld rücken, was?

Der Arbeiter.

Warum nicht, wenn's sein soll? Ein tüchtiger Arbeiter ist ein Soldat im Handumdrehen. Und unsere Fahne haben wir auch schon! (deutet auf die Fahne.)

Zweiter Arbeiter.

Stüttgen, wo bleibt Ihr so lang? 'S ist ausgemacht, Ihr sollt Fahnenträger sein!

Stüttgen.

Meinetwegen! Her damit! So gut, wie bei mir, wär' sie ja doch bei Keinem aufgehoben. (nimmt die Fahne.) Hier unter Gottes Himmel faß' ich sie an und schwöre, sie zu halten gegen jeden Feind! (Bravorufe.)

Erster Arbeiter

(die Fahne entfaltend, auf welcher mit großen Buchstaben die Worte stehen: „dem König seine Ehre, der Arbeit ihr Lohn.") Kameraden, der Fahnenträger hat geschworen! Darf die Armee zurückbleiben? Schaut her! Diese Fahne sagt, was wir Alle wollen: Dem König seine Ehre, der Arbeit ihr Lohn! Nichts wider das Gesetz, aber unser Recht durch das Gesetz! Diese Fahne, Brüder, bedeutet den Arbeiterstand und seine gute Sache. Schwören wir treu zu ihr zu halten, schwören wir Alle!

Alle.
Wir schwören, wir schwören!

Erster Arbeiter.
Treu mit Gut und Blut! Treu bis zum Tod!

Alle.
Treu bis zum Tod!

Stüttgen.
So! Und jetzt vorwärts! Was meint ihr? Wir wollen sie auf dem Platz vor dem Herrenhaus aufpflanzen, es muß sich gut ausnehmen. Wir wollen sie ihnen als Riechfläschchen unter die Nase stecken!

(Tumultuarische Rufe: „Bravo! Vor's Herrenhaus! Vor's Herrenhaus." Alle mit Musik ab.)

Vierter Auftritt.
Von der anderen Seite Spitz, angetrunken, mit seinem Anhang, darunter Weiber und Kinder, einige mit Flaschen und Gläsern, treten auf, singen:

Strike, Strike, Strike muß sein!
Brüder, haltet fest zusammen,
Bis der Siegestag gekommen.
Strike, Strike, Strike muß sein,
Weber, stellt die Arbeit ein!

(An den Gesang schließt sich ein tumultuarisches Hoch.)

Spitz.

Silencium!

Stimmen.

Silencium! Der Gevatter spricht! Still! (Lärm legt sich.)

Spitz.

Und so weiter, und so weiter! Ja, ihr Jungens, (die Hände in die Tasche steckend,) steckt nur ganz pommadig die Hände in die Hosen und visirt nach dem Wetter! Seht ihr's? So leben die vornehmen Leute! (Zu einem Knaben neben ihm, der eine Flasche trägt.) Die Flasche! (Trinkt aus der Flasche, Andere deßgleichen.) Und so seid ihr denn, so zu sagen, über Nacht Freiherrn geworden. Ich befinde mich jetzt, so zu sagen, in der besten Gesellschaft! 'S ist Keiner unter euch, der sich nicht in der besten Gesellschaft befindet! Mit Verlaub! (die Mütze ziehend.) Ein Willkomm den gnädigen Herrn —!

Stimmen.

Herrn! Hurrah! Herrn —!

Eine Stimme.

Juchhe! Wenn wir's nur auch bleiben!

Spitz.

Bleiben? (sich nach dem Sprecher wendend, dann zu den Andern.) Das ist ein dummer Junge! (Gelächter.)

Eine Stimme.

Laßt ihnen nur ihre Spulräder! Was wollen sie ohne uns machen?

Spitz.

Was wollen sie ohne uns machen? Gar nichts wollen sie machen. Da ist Berlin, Wien — da ist London drüben im Englischen — kurz und gut, von der hintersten Hemisphäre bis zum Nordpol hinauf steht Alles, was Arbeiter heißt, mit uns in intimster Confusion! Denkt euch, so zu sagen, ein großes Netz angezettelt über den ganzen Erdboden, Brüder, und die reichen Herrn als Mücken d'rin gefangen — na, wie das zappelt! — aber wenn ich's euch näher expliziren wollt', ging' uns allen der Zwirn aus, wie wir da sind. Wenn zum Exempel der Ochs wüßt', wie stark er ist — ihr lieben Brüder, was sollt' da b'raus werden? Der Ochs, das sind wir, meine Herrn — mit Verlaub, meine Herrn, ich sag' das nur zum Exempel, denn der Arbeiterstand — sagt unser Katechismus — ist die Aristokratie der Zukunft —! (Beifall. Zu dem Knaben.) Die Flasche, Junge! (Allgemeines Trinken.)

Ein Arbeiter.

Sprecht weiter, Spitz!

Spitz.

Von was?

Ein Weib.

Vom Ochsen! (Gelächter, Rufe: „Vom Ochsen, vom Ochsen!")

Spitz.

Ich spreche weiter vom Ochsen, meine Herrn. Wenn sich jetzt der Ochs, so stark er ist, von einem Buben mit dem Stecken treiben läßt, in Anbetracht und obwohl er ein Ochs ist, was läßt sich davon sagen, ihr Brüder? Es läßt sich davon sagen, daß der Ochs — so zu sagen — ein rechter Ochs ist —! (Bravo, Gelächter.) Aber Gott sei Dank, Brüder! Der Ochs weiß jetzt, wie stark er ist! (Lebhafter Beifall.) Ich frage, für was ist der Mensch auf der Welt? Antwort, um zu genießen! — Arbeiterkatechismus Seite 2, Paragraph 3. Was über dieser Welt draußen ist, wissen wir nicht — geht hin und fragt den Herrn Pfarrer! (Gelächter.) Gelt, da sperrt ihr die Mäuler auf? Ihr Schafsköpfe! Wo ich war, kommt ihr doch Alle nicht hin! Ich beweis' euch kalligraphisch, daß mir Arbeiter nur immer so einfältige, gutherzige Esel waren — ich beweis' euch noch vor Nacht, daß die Herrn Fabrikanten bei uns Arbeitern seit etlichen tausend Jahren auf Pump leben —!

Erster Arbeiter.

Auf Pump?

Ein Anderer.

Nun ja! Wir sind der Brunnen, und sie pumpen. Haben sie dich nicht auch ausgepumpt? (Gelächter).

Spitz.

Ihr lieben Brüder, wie stillvergnügt und harmonisch könnt' Alles auf der Herrgottswelt zusammenleben, wenn Jeder hätte, was ihm zukommt! Gleiche Brüder, gleiche Kappen, sagt die Schrift. Aus der Gastronomie der Himmelskörper hat man's herausbestillirt, daß auf Jeden etliche Millionen Morgen Land kämen, den Ocean und das baare Geld nicht mitgerechnet —

Ein Weib.

Gott bewahr' mich! So viel verlang' ich mir nicht!

Ein Anderer.

Nein, wahrhaftig! Nur so was man in der Küche braucht!

Spitz.

— Salva venia, wenn gleich getheilt wäre! Aber da steckt's! Eine Handvoll Menschen hat den Rahm für sich abgeschöpft und uns Andern — (über die Finger blasend) die Molken gelassen!

Ein Arbeiter.

'S ist kurios!

Ein Weib.

'S ist himmelschreiend!

Spitz.

Aha! Merkt ihr was? Aber, Gottlob, das Volk ist jetzt souverän geworden, das Volk fragt: Ist der Staat nur für die Reichen da? Der Staat muß uns zu unsern Privilegiem verhelfen, Brüder, die ganze Sozietät muß priviligirt werden — Capitalisten müßen wir werden, Capitalisten, wie wir da sind!

Viele Stimmen

(mit lärmendem Beifall). Capitalisten! Capitalisten!

Spitz.

Und da kommt der spitzköpfige Hungerleider von Verwalter und reißt noch an dem bischen Blutlohn herunter! Schau' Einer den Hallunken! Hat er uns nicht immer gesagt, wir Arbeiter müßten denken lernen? Was sagt das Buch der Natur? Der große Gelehrte Vogt zeigt's sonnenklar nach aus dem Buch der Natur, daß das ganze Hirn wässerig wird, wenn der Mensch nichts Gutes zu essen kriegt. Brüder! Wir wollen denken — ergo wollen wir Beefsteaks!

Alle

(jubelnd). Beefsteaks! Hurrah! Beefsteaks!

Spitz

(die Flasche emporhebend). Trinkt, Brüder, trinkt! 'S sind zehntausend Pfund von London unterwegs! (Allgemeines Trinken, dann folgender allgemeine)

Gesang.

Strike, Strike, Strike muß sein!
Was die Spinner fein gesponnen,
Heute kommt es an die Sonnen.
Strike, Strike, Strike muß sein —
Spinner, stellt die Arbeit ein!

Ein Arbeiter.

Ja, eingestellt! Und Spitzbuben Alle, die's nicht thun!

Ein Anderer.

Schurken und Verräther! Sie mögen ihre Arme und Beine in Acht nehmen!

Ein Weib.

Brennt ihnen das Haus über'm Kopf zusammen!

Ein Arbeiter

(auf Brahm's Häuschen deutend). Da wohnt gleich einer!

Spitz.

Nein, den laßt! Ein armer kranker Mann. —

Anderer Arbeiter.

Um so weniger sollt' er arbeiten! (ruft.) Hollah! Heraus, da drinnen!

Spitz.

Was macht Ihr?

Der Arbeiter.

Er soll heraus! Er soll sich verantworten!

Ein Weib.

Das soll er! Heraus!

Viele Stimmen.

Heraus! Brahm, heraus!

Spitz.

Cilencium! Ruhe!

Ein Arbeiter.

Ruhe? Vor Dir?

Spitz.

Habt ihr gar keine Einsicht?

Ein Arbeiter.

Fort Lump! Du bist besoffen!

Ein Weib.

Brahm! schlechter Brahm —!

Ein zweites Weib.

Judas! Komm heraus, wenn Du's Herz hast!

Alle zusammen.

Heraus, heraus!

Fünfter Auftritt.

Die Vorigen. Brahm.

Ein Arbeiter.

Da kommt er wahrhaftig!

Ein Weib.

Nein, die Frechheit!

Brahm

(mit Ruhe). Was wollt ihr von mir?

Ein Arbeiter.

Was wir wollen? Gericht wollen wir über Dich halten!

Brahm.

Seid ihr meine Richter? Nein. Wißt ihr überhaupt was ihr seid? Schwerlich, d'rum will ich's euch sagen. Ihr seid arme, verführte Schelme, die in ihr Unglück rennen —

Ein Arbeiter.

Oho! Der Kerl dreht das Gericht herum!

Brahm.

— Geht heim, schlaft euern Rausch aus und schämt euch! (Gelächter.)

Ein Arbeiter.

Schlägt ihm denn Keiner auf den Kopf?

Brahm.

Das könnt ihr. Nur her! Hier steht ein Mann, dem nichts am Leben liegt!

Ein Arbeiter.

Kurz und gut! Wollt Ihr mit uns halten oder nicht?

Brahm

(fest). Nein!

Ein Weib.

Behüte! Der hält's mit dem Herrn Schwiegersohn! (Gelächter, während Brahm schmerzlich zusammenzuckt.)

Ein Anderer.

Die Hure wird ihm ja genug zustecken —!

Brahm

(schreit laut auf und preßt die Hände gegen die Stirne. Nach einer Pause mühsam, mit erstickter Stimme). Verflucht sei die Zunge, die das rief! Trug ich nicht schwer genug? Oh, das hättet ihr einem armen Mann nicht in's Gesicht sagen sollen! (Verhüllt sein Gesicht und weint.)

Spitz.

Platz dem Herrn Pastor! Platz!

Sechster Auftritt.

Die Vorigen. Pastor Engelmann von links. Ein Theil der Arbeiter darunter auch Spitz, ziehen die Mützen.

P. Engelmann.

Freunde, was geht da vor?

Spitz

(sich verbeugend). Wir machen einen Strike — mit eines Herrn Pastors Erlaubniß!

P. Engelmann.

Da von hört' ich, aber leider sehr spät. Ihr habt mir euer Vorhaben verschwiegen. Das schmerzt mich tief. Es war eine Zeit, da ihr mich in eueren Angelegenheiten um Rath zu fragen pflegtet. Und ihr wißt, daß ich nicht bloß rieth, sondern auch half, wo ich konnte. Bin ich nicht mehr derselbe, wie damals? Hab' ich kein Herz mehr für euch?

Ein Arbeiter.

Schön' Dank, Herr Pastor, aber —

Ein Anderer.

'S handelt sich jetzt um ganz andere Dinge, Herr Pastor!

P. Engelmann

(schmerzlich). Ja, um andere Dinge. Ihr armen Kinder!

Wehmuth erfaßt mich, wenn ich euch anschaue. Gott bewahr' euch vor Jammer!

Ein Arbeiter.

Den haben wir so wie so! Was helfen schöne Worte?

P. Engelmann.

Wollt ihr mir noch einmal folgen? Wollt ihr? So geh' ich gleich nach dem Gottesdienste hinüber zum Herrn Verwalter. Laßt sehen, was es für Wirkung thut, wenn ihr durch meinen Mund zu ihm redet.

Spitz.

Hört Ihr's? Schön, schön!

Ein Arbeiter

(nach einer kleinen Pause). Herr Pastor, es hilft nichts!

P. Engelmann.

Was verschlägt's euch? Ich forb're nichts dagegen, seht, als daß ihr euch bis morgen ruhig verhaltet und keinen Unfug treibt.

Ein Arbeiter.

Bis morgen? (zu den Andern) Wie meint ihr? So lang könnten wir's wohl aushalten! (Zeichen der Zustimmung.)

P. Engelmann.

So geht mit Gott, Kinder, und haltet Wort.

Ein Arbeiter.

Aber mit dem Lohn allein ist's nicht gethan, Herr Pastor —!

Ein Anderer.

Nein, bei weitem nicht!

P. Engelmann.

Das findet sich. Geht nur!

Spitz.

Na, so geht nur! (sich gegen Engelmann verneigend.) Wir empfehlen uns einem Herrn Pastor. (zu den Andern, abgehend) Ein Mann! Ein ausgezeichneter Mann! Aber 's thut nicht gut — ihr lieben Brüder, 's thut nicht gut —! (Alle ab.)

P. Engelmann

(Brahm mitleidig betrachtend, nach einer Pause). Brahm, habt Ihr mir gar nichts zu sagen?

Brahm.

Nichts, Herr Pastor.

P. Engelmann.

Kann ich Euch in irgend etwas helfen?

Brahm.

Mir hilft Niemand.

P. Engelmann.

Ich weiß, sie sind Euch aufsässig, weil Ihr an dem Strike nicht Theil nehmt.

Brahm.

Wär's nur das —!

P. Engelmann.

Nun?

Brahm.

Zum Andern könnt ich lachen. — (langsam, dumpf) Sie haben mir meine Tochter vorgeworfen. (Engelmann macht eine Bewegung des Bedauerns.) — Herr Pastor, mit mir ist's aus — ich kann nicht mehr.

P. Engelmann.

Aber mein Gott! Ist es denn auch so ausgemacht, was die arge Welt sagt? Sie ging gegen Euer Wissen und Willen von hier fort — mehr weiß Niemand, Alles Andere ist Gerücht.

Brahm

(traurig den Kopf schüttelnd). Herr Pastor, wenn Sie wüßten, wie Alles zusammenstimmt — 's ist kein Zweifel, sie hat's mit ihm! Darum getraut sie sich auch nicht, mir zu schreiben. — (Aufgeregt.) Gott verzeih' mir's, Herr Pastor, aber ich kann nicht anders, ich hass' ihn — ich muß ihn hassen! Hat er mir nicht das Allerärgste an=gethan? Hat er mich weniger, als gekreuzigt?

P. Engelmann.

Brahm, Der am Kreuze vergab.

Brahm.

Ein Gott! Ja, der konnte das! Oh, wenn ich so hoch über meinem Feind stünde, als er über mir — vielleicht könnt ich's dem Gott nachthun. Aber ich bin ein ohnmächtiger, zertretener Wurm, der sich nicht rächen kann, das nagt und frißt in mir — ich bin in seiner Hand, ja, bei ihm, bei meinem eignen Todfeind, muß ich arbeiten, wenn ich nicht verhungern will! Herr Pastor, wissen Sie, was das heißt? Mein Herz knirscht gegen ihn, und ich muß arbeiten, arbeiten wie der ge=peitschte Galeerensclave an der Kette!

P. Engelmann.

Mein armer Sohn!

Brahm.

Und der Himmel sieht dem ruhig zu! Oh, Herr Pastor, der Gedanke versucht mich fort und fort — was ist das für ein Gott, der nie zu Hause ist, wenn man ihn braucht? der schweigt zum Hilferuf seines miß=

handelten Geschöpfs — Jahrelang, Lebenslang — und dem Schurken hinauf hilft — höher, immer höher? So brütet's in meinem Gehirn, so fragt's in mir bei Tag und Nacht — und über dem Fragen werd' ich noch wahnsinnig!

P. Engelmann.

Brahm, Brahm, das heißt mit Gott rechten! Vergaßt Ihr denn die Ewigkeit, den großen Tag der Vergeltung? Jene unvergängliche Krone des Lebens, die der Herr denen verheißen hat, die ihn lieben? Laßt mich nicht an Euch irr werden, Brahm. Heute ist Allerseelen, der Tag Eurer Margreth. An sie denkt, und daß sie drüben Eurer wartet — das wird Euch stark machen.

Brahm.

Ja, ich will's, Herr Pastor — ich will tragen, was Gott mir auferlegt. Aber er soll barmherzig sein und mich nicht über meine Kraft versuchen.

P. Engelmann.

Das wird er nicht. — Lebt jetzt wohl, mein Sohn. (Gibt ihm die Hand.) Nach dem Gottesdienst sprech' ich wieder bei Euch ein. Was Euer Hannchen betrifft, — ich fand stets ein so braves Kind an ihr — wie gesagt, ich kann's noch nicht glauben! (beiseite.) Ich darf's nicht glauben! Wenn es wahr wäre — — arme Marie! (ab gegen die Kirche.)

Brahm

(allein). Ich habe die Hoffnung verlernt. (Die Glocke läutet zur Kirche in der Weise eines Sterbegeläutes. Während desselben sieht man die Kirchengänger beiderlei Geschlechts von links über die Scene ziehen.) Das Sterbezeichen! Das Zeichen, das Alle gleich macht, Hoch und Nieder, Reich und Arm! Ja, das Grab ist noch unparteilich. (Gegen die Kirchengänger schauend.) Von allen Seiten kommen sie, für Alle läutet es zur Kirche — nur nicht für mich. Aber im Geiste bin ich doch dabei. Hier will ich knieen, dem Gesang zuhören und beten für meine Todten — ach auch für sie, für sie! Ist sie doch auch todt für mich, todt und begraben. Weh mir! Nein, nicht für sie! Für die Verlor'nen betet man nicht, und sie ist verloren, ewig verloren. Oh Hannchen, Hannchen! Warum starbst du nicht, da du mich zum ersten Male aus der Wiege an= lächeltest? Oh, mein Kind, mein Kind — —! (Er lehnt sich mit verhülltem Gesicht gegen die Mauer. Marie Lambert erscheint als die letzte der Kirchengänger. Sie erblickt Brahm, hält einen Augenblick still und kommt langsam zu ihm herüber.)

Siebenter Auftritt.

Brahm. Marie.

Marie

(nach einer Pause). Brahm!

Brahm

(aufblickend). Gnädiges Fräulein! Sie sind's?

Marie.

Ihr seht blaß aus, Brahm. Seid Ihr immer noch krank?

Brahm.

Gottlob, nein! Aber recht sehr freut's mich, dem gnädigen Fräulein zu begegnen. Ich hätte wohl ehestens bei Ihnen vorgesprochen, um endlich einmal meinen Dank abzustatten.

Marie.

Dank! Wofür denn?

Brahm.

Sie wollen's nicht wissen. Gottes Segen über Sie! Wie hätt' ich denn meine Krankheit durchgemacht, ohne Ihre Hilfe?

Marie.

Aber mein Gott, Ihr irrt Euch, Brahm. Ich gab allerdings Herrn Herbert Auftrag, für Euch Sorge zu tragen; er erklärt jedoch, das sei unnöthig, Eure Tochter unterstütze Euch reichlich genug —

Brahm

(betroffen). Meine Tochter? (hastig.) Aber das Geld, das er mir schickte —?

Marie.

Kam von Eurer Tochter. — (Brahm thut einen durch=
dringenden Schrei, fährt sich mit den Händen nach der Stirn.)
Was ist Euch?

Brahm

(für sich, mit qualvoller, dumpfer Stimme). Schandgeld
— Schandgeld —!

Marie.

Dieser furchtbare Blick! (ihn anfassend, da er zu sinken
droht.) Um Gottes Willen, was fehlt Euch? (Näherkom=
mender Lärm.)

Brahm

(mit den Händen abwehrend, in krampfhafter Erschütterung,
mit halb erstickter Stimme). Nichts — gar nichts —!

Marie

(angstvoll). Oh, vertraut mir —!

Brahm

(wie vorhin). Nein, nein! Ihnen nicht —!

Marie.

Nun, so helf' Euch der barmherzige Gott?.

Brahm

(in furchtbarem, schneidendem Tone). Gott? (sich von ihr los=
reißend, die Arme emporwerfend.) Oh, es gibt keinen Gott!

Inzwischen ist eine Rotte von Arbeitern, darunter auch Weiber, auf die Scene gedrungen, mit dem Geschrei, „Da ist er! Brahm! Schlech=ter Brahm! Verräther!" Brahm, mit erhobenen Armen auf sie zueilend) Da habt ihr mich! Brüder, jetzt bin ich euer! (Sie umringen ihn mit Freudengeschrei und reißen ihn von der Scene mit sich fort. Indem sich der Lärm verliert, hat in der Kirche das Spiel der Orgel begonnen, und es ertönt folgender)

Chorgesang.

Erbarm' dich meiner, Herr, und sei mir gnädig.
Nach Deiner Güte tilge meine Schuld —!
(Marie steht schweigend, die Hände wie zum Gebet erhoben bis zum Schluß.)

Der Vorhang fällt langsam während des Gesanges.

Vierter Aufzug.

Erster Auftritt.

Ein Zimmer im Herrenhause mit Ausgängen nach beiden Seiten und Fenstern auf der rechten Seite. Schöning, ein Etui mit einem Brillantschmuck in der Hand haltend, und Marie.

Marie.

Ja, sie sind hell, diese Brillanten hell — wie frischgeweinte Thränen. Sollte es nicht Sünde sein, Ferdinand, diese kostbaren Steine am Halse zu tragen, während dicht neben uns Tausende hungern?

Schöning.

Sie hungern nur, so lang's ihnen beliebt. Nun? So nimm.

Marie

(das Etui nehmend, ihn umarmend). Ich danke Dir! Mein gütiger Ferdinand! Oh, gewiß, Du wirst auch gegen sie gütig sein! Wie es mich beruhigt, Dich hier zu wissen! Diese letzten vierzehn Tage — sie waren qualvoll, Ferdinand! Wenn ich an den entsetzlichen Auftritt mit diesem Brahm denke —

Schöning.

Willst Du das Collier nicht einmal anlegen?

Marie.

Es schwebt ein Geheimniß über der ganzen Sache. Herbert behauptet fest, ihm das Geld im Namen seiner Tochter gegeben zu haben. Aber, wenn auch nicht — weßhalb diese plötzliche Wuth, diese Verzweiflung? Ich höre, daß sie gegen seinen Willen von hier fort ging, — allerdings ein Fehler, allein —

Schöning

(das Etui mit dem Schmuck in die Hand nehmend). Willst Du das Collier nicht einmal anlegen?

Marie.

Jetzt nicht. — Und heute steht derselbe Brahm an der Spitze der feiernden Arbeiter. (Schöning stellt das Etui mit dem Schmuck auf den Tisch, und macht sich dort zu schaffen.) Ferdinand! Weißt Du gar nichts von seiner Tochter?

Schöning

(betreten). Ob ich —?

Marie.

Nun ja! Ob Du in der Residenz nichts von ihr erfahren hast?

Schöning.

Nicht das Geringste! Was kümmern mich die Berliner Putzmacherinnen?

Marie.

Ich fürchte, das Mädchen geht auf schlechten Wegen, Ferdinand.

Schöning.

Kann wohl sein. — (gegen das Fenster tretend, für sich.) Die reinste Tortur! — (laut.) Ah, da unten wimmelt's ja wieder von Kitteln! Es ist wohl auf einen neuen Scandal abgesehen. Aber — (nach der Uhr schauend) die Bursche mögen sich eilen, sonst verrechnen sie sich. Der nächste Zug bringt Ordnung.

Marie.

So hast du wirklich nach Militär telegraphirt?

Schöning.

Ja!

Marie.

Mein Gott! Was wird das geben?

Schöning.

Und was würde es geben ohne Militär? Sind wir denn vor diesem betrunknen Pöbel des Lebens noch sicher? Du hast ja die Mord- und Brandbriefe gelesen, die heute Morgen an den Mauern klebten, Du sahst gestern, wie sie sich gegen Herbert zusammenrotteten, daß er sich mit knapper Noth in's Haus flüchten konnte.

Marie.

Gegen Herbert! Warum gegen ihn! Ich gehe frei durch — Niemand hält mich.

Schöning.

Du bist ein Weib, er der Geschäftsführer, der unser Interesse gegen sie vertritt.

Marie.

Unser Interesse! Was ist das? Ach, ich fühle, daß wir uns hier noch nicht ganz verstehen. Es mag im Interesse des Geschäfts gewesen sein, den Lohn herabzusetzen, im Interesse des Geschäfts, auf die Arbeitseinstellung mit Schließung der Fabrik zu antworten und die Wiedereröffnung vom Unterschreiben dieses Reverses abhängig zu machen, der ihnen so verhaßt ist — aber sind denn wir und das Geschäft so ganz eins, Ferdinand, daß wir nicht einmal anders wollen könnten, als das Geschäft? Geschäft! Das Geschäft kennt keine Großmuth, uns ist sie der edelste Schmuck — das Geschäft kennt kein Mitleid, uns ist es christliche Pflicht — das Geschäft kennt nur Geld und Waare, keine Menschen, wir nennen sie unsre Brüder!

Schöning.

Wüßtest Du, was diese Brüderchen fordern —

Marie.

Sei größer als sie, Ferdinand! Suche den Frieden — selbst um den Preis eines kleinen Opfers!

Schöning.

Warum nicht? Wenn das Opfer wirklich klein ist.

Marie.

Gott, wenn Blut fließen würde —! Blut wegen dieses herzlosen Dinges Geschäft! Ferdinand — ich weiß nicht, ob ich den Geschäftsmann noch lieben könnte!

Schöning

(ihr die Wange streichelnd). Du schönes, furchtsames Herz! Nur Vertrauen! Es wird Alles gut gehen. — Wo Herbert doch bleibt?

Marie.

Ich verlasse Dich jetzt. Ich mag ihm nicht begegnen. Ferdinand! Höre nicht zu viel auf diesen Menschen!

Schöning.

Was glaubst Du? Ich bin sein Lehrjunge nicht.

Marie.

Sein Herr! Zeig' ihm, daß Du sein Herr bist! (Sie geht ab, nach der Seite links.)

Schöning

(allein). Das war langweilig, gute Marie! (wirft sich in einen Sessel.) Einer solch regelrechten Tugend den Hof zu machen, ist doch eine Herculesarbeit. Wie viel leichter lebt sich's mit diesen luftigen Teufelsbäschen, die uns nichts kosten, als Liebe? Liebe, und — etwas Geld! — (Nach einer Pause.) Eine unerträgliche Rolle, die ich hier spiele! Mit der Tugend zärtliche Complimente wechseln, fort und fort von ewiger Liebe und Treue deklamiren zu müssen, und keinen Augenblick sicher vor einer Entdeckung, die —! (aufspringend) Das muß enden! Hochzeit, sobald wie möglich! Was dann auch nachkommt — nun ja, einige Thränenschauer, einige Schmollstunden, zuletzt ein Schleier über Alles! Man stirbt nicht d'ran, sonst liefe die Welt voll Wittwen.

Zweiter Auftritt.

Der Vorige. Herbert, der einen Säbel umgeschnallt hat, rasch durch die Seitenthüre rechts.

Schöning

(gegen ihn). Schon wieder eine Zusammenrottung, Herbert —

Herbert.

Ich weiß. Es wäre sehr zu wünschen, daß der nächste Zug keine Verspätung hätte.

Schöning.

Die Geschichte wird bedenklich. Es sind doch alle Zugänge gesperrt?

Herbert.

Alle.

Schöning.

Wie viel Leute sind treu geblieben?

Herbert.

Etliche fünfzig, die uns zur Verfügung stehen. Freilich eine gar kleine Armee!

Schöning.

Der junge Brahm ist darunter?

Herbert.

Der? Nein! Ich vergaß, Ihnen zu sagen, daß ich ihn gestern entlassen mußte.

Schöning.

Fatal!

Herbert.

Der Bursche ward zu übermüthig, er betrank sich fast jeden Tag. — Nun, Herr Prinzipal, glauben Sie jetzt bald an Monsieur Lassalle? Und das Beste kommt erst nach —

Schöning.

Ich kann nicht denken, daß sie's zum Aeußersten treiben, so lang diese ihre Deputation nicht aus der Residenz zurück ist.

Herbert.

Trauen sie dem Volk keine Vernunft zu! Ein Wahnsinniger commandirt sie.

Schöning.

Dieser Brahm —

Herbert.

Ist rasender, als die Andern Alle!

Schöning

(für sich). Hat er nicht Grund dazu? (er fährt sich mit der Hand über die Stirne nach einer Pause.) Herbert, in vierzehn Tagen muß Hochzeit sein — es muß!

Herbert.

Ah? Warum sagen Sie das nicht lieber Fräulein Lambert?

Schöning.

Ich werd' es — heute noch —!

Herbert.

Es scheint, der Katzenjammer ist da, Herr Prinzipal?

Ein Bedienter

(auftretend, anmeldend). Herr Pastor Engelmann!

Herbert.

Schon wieder?

Der Bediente.

Er wünscht Herrn Schöning zu sprechen.

Schöning.

Heißen Sie ihn eintreten. (Bed. ab). Was der wollen mag, Herbert?

Herbert.

Ich denke mir's wohl. Er wird Ihnen die Predigt für die lieben Arbeiter halten wollen, die an mir nicht verfing.

Schöning

(für sich, unruhig). Wenn er wegen des Andern käme —!

Dritter Auftritt.

Die Vorigen, Pastor Engelmann von rechts.

Schöning

(ihm entgegen). Herr Pastor! Ein seltner Besuch, aber um so angenehmer —

Herbert

(bei Seite). Auf Deutsch: Hol' Sie der Teufel!

P. Engelmann

(zu Schöning). Sehr gütig! Es freut mich, Herrn Schöning wohl zurück zu sehen.

Schöning.

Nehmen Sie gefälligst Platz.

P. Engelmann.

Ich wünschte Sie unter vier Augen zu sprechen, Herr Schöning.

Schöning

(stutzig). Unter vier Augen? Oh, ich habe vor Herrn Herbert keine Geheimnisse! Sprechen Sie immerhin, Herr Pastor.

Herbert.

Sprechen Sie immerhin, Herr Pastor.

P. Engelmann

(ohne Herbert anzusehen). Unter vier Augen, wenn ich bitten darf! Sie werden mir's vielleicht danken.

Schöning

(immer unruhiger, nach einer kleinen Pause). Herr Herbert, wollen Sie gefälligst —?

Herbert.

Zur Thüre hinaus? Wie Sie befehlen! Herr Pastor —

gute Beichtverrichtung! (Ab nach rechts mit Verbeugung gegen Engelmann.)

Schöning.

Wollen Sie nicht Platz nehmen?

P. Engelmann.

Nicht doch. — Herr Schöning, ich komme wegen dieses unseligen Arbeiterstrike's —

Schöning

(für sich.) Gott sei Dank!

P. Engelmann.

Zwar habe ich noch ein anderes Anliegen, das sich nicht an den Fabrikanten, sondern blos an den Menschen richtet — (innehaltend, Schöning anschauend.)

Schöning

(verwirrt). Ich wüßte wirklich nicht —

P. Engelmann.

— Doch davon ein ander Mal. — Herr Schöning, gleich am ersten Tag nach erfolgter Arbeitseinstellung erlaubte ich mir, Herrn Herbert meine Ansicht über die Lage mitzutheilen. Er wies mich kurz ab. Damals sprach ich mit dem Diener. Sollt' ich deßhalb heute nicht mit dem Herrn sprechen? Wo ich blos rathen durfte, kann dieser befehlen.

Schöning.

Sehr richtig Indessen —

P. Engelmann.

Eins schicke ich voraus. Ich kam nicht hierher, um Ihnen zu predigen. Den Pastor ließ ich zu Hause und bringe nichts mit, als den ehrlichen Mann und guten Nachbarn, der gern Frieden stiften möchte. Sie werden mir deßhalb nicht weniger Gehör schenken —

Schöning.

Deßhalb um so eher — offengesagt!

P. Engelmann.

Das dacht ich mir. Herr Schöning, ich glaube kaum, daß Herr Herbert einen Auftrag von Ihnen vollzog, als er die Löhne neuerdings herabsetzte.

Schöning.

Und warum nicht?

P. Engelmann.

Weil Sie — zum Unterschied von diesem Herrn — zu Ihrem Verstand noch ein Herz haben, weil Ihr Herz nicht will, daß unter Ihrer Firma Arbeit und Hunger zusammenwohnen. Oder sollte Ihnen unbekannt sein, daß dieser Lohn, bei der gegenwärtigen Theuerung, die Nothdurft des Lebens nicht sichert?

Schöning.

Mir allerdings unbekannt, und — ich glaub' es auch nicht, Herr Pastor! Wohl geb' ich zu, daß Herr Herbert nicht eigentlich in meinem Auftrage handelte. Aber er setzte mich von allen seinen Schritten in Kenntniß, und unter Angabe solcher Gründe —

P. Engelmann.

Die Gründe des Herrn Herbert! Leider, das ist's. Herr Schöning, ich will, so voll mir das Herz ist, jetzt nicht über Herrn Herberts Geschäftsführung im Allgemeinen —

Vierter Auftritt.

Die Vorigen. Herbert, der während der letzten Wechselreden die Seitenthüre links etwas geöffnet hatte und zuhörte, tritt rasch ein.

Herbert

(gegen Engelmann). Herbert? Geschäftsführung? Ah, da komm' ich wohlgerade recht, um einen frommen, gottgefälligen Stich in den Rücken zu pariren? Darum also mußt' ich hinaus, Herr Pastor?

P. Engelmann

(ohne ihn anzuschauen). Herr Herbert glaube, was ihm beliebt.

Herbert

(zu Schöning). Eine Neuigkeit! Die Deputation ist zurück. (Man hört wilden Lärm.)

Schöning.

Und mit welchem Bescheid?

Herbert

(den Finger hebend). Dieses Gebrüll gibt Antwort.

Schöning.

Abgewiesen?

Herbert.

Wie anders? (Beißend.) Die Staatsregierung scheint mit meiner Geschäftsführung etwas zufriedener zu sein, als der Herr Pastor. — Nun, wie jetzt? Geh' ich? Bleib' ich? Vielleicht glückt der nächste Stich besser —

P. Engelmann

(zu Schöning). Ich wünsche nun dringend, daß Herr Herbert bleibe.

Schöning.

Das ist mir lieb. (zu Herbert.) Der Herr Pastor sagte etwas, Herbert, was durchaus der Aufklärung bedarf. Ist es richtig, daß unsre Arbeiter bei dem herabgesetzten Lohne hungern?

Herbert.

Hungern? Die hungern wollen, ja! Die Lumpen, ja! Der Schnaps ist kein Lebensmittel. Gib uns heute unsern täglichen Schnaps — davon steht im Vaterunser nichts, so viel ich weiß!

Schöning

(gegen P. Engelmann). Das scheint Sie zu widerlegen.

P. Engelmann.

Es scheint! Wer sagt Ihnen denn, daß ich Trunkenbolden das Wort rede? Aber dem fleißigen Arbeiter, der hie und da einen Trunk thut, mehr zur Stärkung als zum Genuß — ja ihm allerdings! Warum nicht? Den Menschen auf den Anspruch des Thieres herabsetzen, heißt ihn zum Thiere entwürdigen. Könnte das Ihre Absicht sein, Herr Schöning? Aber mit oder ohne Schnaps — der ledige Arbeiter mag bei dem neuen Lohn bestehen können, die Familien hungern gewiß.

Herbert.

Das Geschäft kennt nur Arbeiter, keine Familien. Warum heirathen sie? Wer sich Familie zulegt, ehe er Brod für sie hat, ist ein Verbrecher!

P. Engelmann.

Sehr geistreich! Und so unbarmherzig, als geistreich! Herr Herbert speist seine verhungernden Opfer mit einem Witz, mit einem kalten, höhnischen Witz ab!

Herbert.

Meine Opfer?

P. Engelmann

(lebhaft, energisch). Ja, Ihre Opfer! Denn Sie wissen wohl, daß die Freiheit Ihrer Arbeiter eine Lüge ist, weil die Armuth sie an die Scholle festnagelt, weil sie in Ihrer Gewalt sind, weil sie Ihre Sclaven sind, sobald es Ihnen beliebt, Ihr Tyrann zu sein. Und Sie sind es — ein Tyrann! Gott sei Dank, nur ein kleiner!

Herbert.

Nun, das ist stark!

P. Engelmann.

Aber diesmal doch wohl kein Stich in den Rücken? Warum drängten Sie sich zu dieser Unterredung? Jetzt bestehen Sie den Waffengang, wenn Sie können! Nur der Tyrann bricht mit frevelnder Hand ein in das Heiligthum der Natur, nur der Tyrann erklärt das allgemeine Elend zum Gesetz, das Glück zum Verbrechen — und das thun Sie, die Sie den Armen verwehren wollen, Mensch zu sein. Ober verdient das noch diese Bezeichnung, was nichts ist, sonst gar nichts ist, als ein fortgesetzter Zweikampf mit dem Hunger? Ein Dasein, dem nicht soviel Genuß beiwohnt, als der Tropfen, der vom überschäumenden Becher des Reichthums verloren in den Sand rinnt? Und wenn das Loos der Armuth sie auf ein Almosen von den Gütern dieser Erde beschränkt, soll sie auch an denen von oben keinen Theil haben, die der gütige Himmel nicht für Geld feil hält? Die er ausgegossen hat, zu Labsal und Wonne dem Menschenherzen, über die ganze Schöpfung, ein freier Strom für alle seine Kinder? Herr Herbert will es so. Er vergönnt dem Armen die Wohlthat nicht, in der Liebe eines treuen Weibes von seinem Mühsal auszuruhen — diese Liebe ist ein Verbrechen! Er vergönnt ihm die Hoffnung nicht, die in wackern Kindern um ihn aufblüht — diese Kinder sind die Frucht eines Verbrechens! Die Maschinen heirathen nicht, und der Arbeiter ist eine Maschine des Herrn Herbert. Aber woher verschreibt er ihm denn die Kraft, es zu sein? Den Muth, heute elend zu sein, um morgen wieder elend sein zu dürfen? Nein, bei Gott, der Arbeiter ist kein Verbrecher, wenn er nicht mehr Heroismus der Entsagung hat, als die, die ihn von ihm fordern. Verbrecher sind, die, die ihn in Versuchung führen, Verbrecher zu werden! Verbrecher sind die, welche die Ohnmacht des Elends gegen das Elend ausbeuten, das

Joch immer schwerer, immer drückender machen, bis das Gewissen des Armen sich verwirrt und die Sturmflut der schlimmsten Leidenschaften wüthend die Dämme bricht!

Herbert

(lustig). Na, unser Herrgott wird sich nicht schlecht wundern, von einem Pastor so wacker heruntergekanzelt zu werden! Ja, unser Herrgott, Herr Pastor! Ich kann nicht helfen. Was geht die Jeremiade mich an? Wer hat die Bettler in die Welt gesetzt? Ihr Herrgott! Er hätte ja für Jeden einen Primawechsel im Mutterleib ziehen können. Wer hat diese politische Krise hereingeschneit, die das große Loch in den Absatz schneidet? Wieder Ihr Herrgott! Oder meint der Herr Pastor, der Fabrikant sei nicht auch ein Arbeiter, der seinen Lohn will? Oder meint der Herr Pastor, wenn sein Herrgott mit dem Fabrikantenlohn heruntergeht, sollen wir mit dem Arbeiterlohn droben bleiben?

P. Engelmann.

Fabrikantenlohn? Ein hübsches Wort! Wie aber zu Zeiten, wo dieser Fabrikantenlohn stieg? Stieg da Herr Herbert auch mit dem Arbeiterlohn nach?

Herbert.

Das gehört nicht hieher! 'S ist Jedermann's Sache, ob und wie er sein Geld arbeiten lassen will. Wir mochten bei dem frühern Lohnsatz nicht mehr produziren, unsre Arbeiter bei dem jetzigen nicht mehr arbeiten — folglich Schließung der Fabrik bis auf bessere Zeiten. Ich nenne das Logik, der Herr Pastor nennt's Tyrannei. Mein werther Herr Pastor, wer weiß, welcher von uns beiden mehr Herz für diese Arbeiter hat?

P. Engelmann.

Herz? Sie?

Herbert.

Ja, ich der Tyrann! Wer weiß, wer mehr für ihr Bestes gewirkt hat?

P. Engelmann.

Für ihr Bestes? Sie?

Herbert.

Nun, im Sinn Eurer Hochwürden wohl nicht! Denn ich habe für ihren Geist gewirkt.

P. Engelmann.

Wahrhaftig! Seltsame Großmuth, die den Geist mästet und den Leib verhungern läßt! Ihr Heuchler, ich kenn' euch! Eine Pflicht für den Leib des Armen leugnet ihr. Woher nehmt ihr denn das Recht, euch um seinen Geist zu bekümmern?

Herbert.

Natürlich! Den dressiren die Pastore ganz allein —

P. Engelmann.

Wie bekam ihm Ihre Dressur? Wir sehen's heute und schaudern!

Herbert.

Meine Schuld ist's nicht, daß die Schlacke kein Feuer annimmt. Ich habe Alles aufgeboten — ich habe eine Fortbildungsschule errichtet, habe gediegne populäre Schriften für sie kommen lassen, eine ganze Bibliothek! Aber — Bestie bleibt Bestie!

P. Engelmann.

Bestie? Diesmal verschob sich die Larve, Herr Herbert! Das ist also Ihre Herzensmeinung? Nun denn, bei dem Allerhöchsten, den Sie in seinem Ebenbilde lästern, der Aermste unter diesen Armen steht ihm vielleicht näher als Sie! Nein, Herr, es sind keine Bestien, aber was Sie thun konnten, sie zu Bestien zu machen, das haben Sie seit Jahren gethan! Was Sie für ihren Geist gewirkt, verzeih' Ihnen Gott! Ein kostbares himmlisches Geschenk nimmt auch der Aermste in's Leben mit — weh' ihm, wenn er es auf der Reise verliert! Es ist der Adelsbrief seiner göttlichen Abkunft, die Bürgschaft, mitten in dieser ungeheuern, herzlosen

Welt nicht vergessen und verloren zu sein, das Unterpfand einer schönern, einer glücklicheren Welt! Und dieses Einzige haben Sie dem Armen genommen — seinen Glauben!

Herbert

(lachend). Da haben wir's! Dacht' ich's doch, daß die Katze auf die alten Füße fallen würde!

P. Engelmann.

Das Lachen des Tollhauses! Nur zu! Nur lustig fortgesägt an dem Ast, worauf ihr sitzt! Der Mensch duldet, so lang er glaubt. Dieselbe welterlösende Botschaft, die die Verheißung eines himmlischen Lohnes als frommen Balsam auf's wunde Herz des Armen legt, zügelt ihn mit den Schrecken eines künftigen Gerichts. Zieht es euch heran, das Geschlecht nach eurem Sinn, aber zittert vor ihm! An dem Tag, wo es den alten Gott vergißt, wird es sich erinnern, daß es nur zu wollen braucht, um Herr der Erde zu sein. Wer dem Volke den Himmel nimmt, muß ihm die Erde geben!

Schöning

(dazwischentretend). Alle Achtung vor Ihren Worten, Herr Pastor, aber — versprachen Sie nicht, den Prediger zu Hause zu lassen?

Herbert.

Unmöglich! Zwei Erzketzer vor der Kanzel — das war zu verlockend!

P. Engelmann.

Sie nennen das eine Predigt, Herr Schöning? Nun, so ist die ganze Weltgeschichte nichts anders. Und bei Gott, nicht Pastore allein zittern vor dem Blatt, das sie jetzt im Sturme aufrollt! Etwas von dem Geist des blutigen Kain beherbergt jede Menschenbrust — in den Massen schläft er, dieser Geist, dem gefangenen Raubthiere gleich. Weh' der Zeit, die ihn aufweckt! Und er ist geweckt, durch die Frevel seines eigenen Opfers geweckt, gegen das er jetzt aufsteht! Das Raubthier rüttelt an den Stäben des Zwingers, und die Stäbe sind durchsägt! Zu einem ungeheuren Kampfe rüstet die Welt, nicht gegen die Throne, nicht um ein neues Trugbild freier Staatsverfassung, denn das Volk weiß, daß es von allen politischen Barrikaden nichts heimbrachte, als eine veränderte Form, elend zu sein — es wird ein Kampf werden um Mein und Dein, um den Platz am Tisch, um Ehre und Wollust des Lebens! Und alle diese aufzuckenden Arbeiterunruhen sind nur die wetterleuchtenden Vorboten des nahenden Verhängnisses. Ob der Sturm noch zu beschwören sei? Ich zittre, nein zu sagen — aber versuchen könnte man es, müßte man es, durch gegenseitiges Nachgeben, durch gegenseitige Opfer, und — die mehr zu verlieren haben, müßten den Anfang machen!"

Schöning.

"Das sagt sich leicht.

Herbert

(der in der letzten Zeit verschiedene Zeichen der Unruhe und des Unwillens gegeben). Unausstehlich! 'S ist, um die Polizei zu rufen!

P. Engelmann

(gegen Herbert). Polizei? Ja, die muß herhalten, wo Ihresgleichen die Gründe ausgehen! Ich weiß, Ihr Gott ist der Staat, und der Staat in Ihrem Sinn nichts als ein großes Polizeiungeheuer, das Ihnen zu Diensten steht — wohlgemerkt nur Ihnen! Diesem herzlosen Zweikampf zwischen Arbeit und Capital, zwischen dem wehrlosen Kind und dem bis an die Zähne bewaffneten Riesen — mit verschränkten Armen soll er ihm zusehen, und ja dafür sorgen, daß kein Dritter dem Riesen das Würgergeschäft erschwere. Das ist Ihre Ordnung, das ist Ihre gesetzliche Freiheit!

Herbert.

Phrasen, Phrasen! Die Welt ist ein Markt, die Arbeit eine Waare! Was kümmert mich der Verkäufer?

F. Engelmann.

Phrasen, Phrasen! Was kümmert mich die Welt des Herrn Herbert? Ach wohl, ich weiß, sie gleicht der heutigen! Aber die Zeit wird kommen, wo der verlorne Sohn Staat zu seinem hohen, göttlichen Berufe zurückkehrt, wo er erkennt, daß er nicht blos da ist, zu schützen, sondern auch zu unterstützen — zu unterstützen vor Allem im Kampfe gegen das gemeinste und fürchterlichste der Uebel, den Hunger! In Jedes, auch des Geringsten Brust, wohnt der Trieb, glücklich zu sein, von Jedes, auch des Geringsten Stirn, leuchtet, mit göttlichem Stempel beglaubigt, der Beruf zu einem menschenwürdigen Dasein. Und dieses Dasein kann und soll er im christlichen Staate finden, der ein Staat des Rechts und der Liebe zugleich ist. Aber wenn die Zeit heute noch hinter ihrer Aufgabe zurückbleibt, darf ihr der Menschenfreund gleichen? Darf er zuwarten, bis er unter dem Joch eines kalten Gesetzes das thun muß, was ihn, heute gethan, zum Halbgott erhebt? Bis freier Edelmuth zur gemeinen Bürgerpflicht entartet? Nimmermehr! O, nicht an diesen (auf Herbert deutend) — an Sie wend' ich mich, denn Sie haben ein Herz! Schon zeigt Ihr Stand eine Reihe von Edlen auf, die, ihrer Zeit herrlich voraneilend, die Hand eines Wohlthäters in die schwielige Hand der Armuth legten — die Welt segnet sie, und ihre Namen sind droben im Himmel verzeichnet. Ahmen Sie ihnen nach!

Werden Sie der Freund, der Schutzgeist ihrer Arbeiter! Nicht im Namen des Staates und seiner veränderlichen Satzungen ruf' ich Sie auf, nein, im Namen einer höhern Macht, deren erhabenes Reich weit über die Grenzen des Staates hinaus in den Himmel hineinwächst — im Namen der Liebe, der heiligen, dreimal heiligen Bruderliebe!

Schöning.

Herr Pastor, ich habe Sie ruhig bis zu Ende gehört. Offen bekenn' ich Ihnen, daß ich die Fragen, die Sie hier aufwarfen, bisher etwas sehr — wie sagt man? — links liegen ließ. Mit fünfundzwanzig Jahren hat man sich noch wenig Muße genommen, über das Elend der Zeiten nachzugrübeln. Aber nichts desto weniger bin ich mit meinem Entschluß im Reinen. Meine Arbeiter dürfen nicht hungern — nein, sie sollen nicht einmal darben —!

F. Engelmann.

Nun, Gott segne Sie für dieses Wort —!

Schöning.

Meine Ehre duldet das nicht, und auch ohnedies — ich will's nun einmal nicht, mag der sogenannte Fabrikantenlohn stehen, wie er stehe —

Herbert.

Herr Prinzipal —!

Schöning

(fortfahrend). Aber was hilft das, Herr Pastor? Sie sehen ja, was diese Menschen planen. Theil an der Fabrik, Productivassociation — und Gott weiß, was noch? Kann ich mit dem Wahnsinn paktiren?

P. Engelmann.

Darum keine Sorge! Ich weiß, daß solche Ideen in einem Theil der Köpfe spuckten. Aber es war ein Rausch — der Hunger hat sie nüchtern gemacht. Erklären Sie heute die Fabrik für wiedereröffnet, unter dem früheren Lohnsatz eröffnet — und ich bürge Ihnen dafür, daß morgen wieder lustiger Gesang von allen Webstühlen herüberschallt!

Herbert

(zu Schöning). Und ich bürge Ihnen dafür, daß man Sie übermorgen in allen Zeitungen auslacht!

P. Engelmann.

Herr Schöning, ich betrachte meinen Vorschlag als angenommen?

Schöning.

Nun ja! (Herbert zerreißt ein Papier.) Was zerreißen Sie da?

Herbert.

Ihre Ehre!

Schöning.

Herbert!

Herbert.

Einen gewissen Revers, wenn das besser lautet! Sie diktiren ja nicht mehr — Ihnen wird diktirt!

Schöning.

Halt, Herr Pastor! Auf Einem muß ich bestehen!

P. Engelmann.

Wie?

Schöning.

Was ich thue, geschieht freiwillig. Es darf Niemand sagen, daß es mir abgetrotzt worden sei.

Herbert.

Aha!

Schöning.

Also wohlgemerkt! Arbeit und Lohn wie früher — aber Jeder muß mir zuvor den Revers unterschreiben.

F. Engelmann.

Den Revers? Herr Schöning, fordern Sie das nicht.

Schöning.

Warum?

F. Engelmann.

Weil daran Alles scheitern müßte.

Schöning.

Sie machen ja diesen Revers gar so fürchterlich! Eine Erklärung, sich an keinem Strike mehr betheiligen zu wollen — ich denke doch, das Verlangen ist billig?

F. Engelmann.

Sehr unbillig, Herr Schöning.

Schöning.

Oho?

Herbert

(zu Schöning). Merken Sie nun bald, wo man mit Ihnen hinaus will?

F. Engelmann.

Dieser Revers enthält auch die Erklärung, daß der Lohn sich lediglich nach dem Gutdünken des Fabrikanten bestimme —

Herbert.

Nun ja! Doch nicht nach dem Gutdünken des Herrn Pfarrers?

P. Engelmann.

— Er verpflichtet die Arbeiter, ihren Gewerbsverein aufzulösen —

Herbert.

Den sie zu aufrührerischen Zwecken mißbrauchten!

P. Engelmann.

— Kurz, er überliefert sie, an Händen und Füßen gebunden, der Willkühr des Herrn. Oh, ich weiß, so sehr sie die Noth heruntergebracht hat, diesen Revers unterschreiben sie nicht, und, bei Gott! — sie sollen's auch nicht!

Schöning.

So?

P. Engelmann.

Nein, sie sollen's nicht! Diesen Revers unterschreiben heißt auf das älteste, heiligste der Rechte verzichten, auf das Recht der Nothwehr, auf die armselige, kümmerliche Nothwehr, die die Arbeit dem Capital entgegenzusetzen hat!

Schöning.

Das will sagen, was ich als Gnade gewähre, nehmen die Herrn Arbeiter als Recht in Anspruch?

Herbert.

Als Recht! Natürlich! Als Abschlagszahlung! Das Uebrige ein ander Mal!

P. Engelmann.

Oh, hören Sie nicht auf diesen Intriguanten!

Schöning.

Herr Pastor, kein Wort mehr! Wo sich's um meine Ehre handelt, duld' ich keinen Beirath. Die Arbeiter protestiren gegen Thrannei, aber der Fabrikant soll der Sclave der Arbeiter sein? Ich soll die Rolle des Besiegten spielen, wo Recht und Macht auf meiner Seite sind? Ich soll mich demüthigen vor Bettlern? Fabrikantenehre und Bettelstolz! Laß doch sehen, was weicher wird!

Herbert.

Bravo! (Der Lärm vor dem Hause kehrt wieder.)

P. Engelmann

(schmerzlich). Oh mein Gott! Ich habe umsonst geredet!

Herbert.

So scheint's, Herr Pastor.

P. Engelmann

(zu Schöning). Hören Sie diesen Lärm? Er verkündigt den nahen Sturm. Wenn er erst losgelassen ist — wer kann ihn bändigen? Herr Schöning, ich beschwöre Sie beim allmächtigen Gott —!

Schöning.

Sie verlangen zu viel —

P. Engelmann.

— Bei Allem, was hier auf dem Spiel steht —!

Herbert.

Die Ehre, die Ehre!

P. Engelmann.

— Bei der Gefahr für Ihr eignes Haus und Leben —!

Herbert

(nach der Uhr schauend). Drei Uhr! Der Zug muß im Augenblick da sein!

P. Engelmann.

Herr Schöning! Wollen Sie mich ohne Hoffnung ziehen lassen?

Herbert.

Ja doch! Ziehen Sie nur einmal!

F. Engelmann.

Meine Sendung ist erfüllt. Ich gehe, den Arbeitern Ihre Erklärung zu überbringen. Die Antwort wird nicht auf sich warten lassen — oh, ich zittre vor dieser Antwort! Gott wird die armen Verirrten richten, aber euch mit, euch, ihr stolzen Charlatans und Marktschreier des Fortschritts, die ihr Freiheit predigt für euch, und Ketten für die Andern! (rasch ab.)

Herbert.

Die Kralle unter dem Schafspelz! Haben Sie gesehen?

Schöning

(für sich). Eine unselige Geschichte! Aber was thun —?
(Wachsender Lärm von außen.)

Fünfter Auftritt.

Die Vorigen. Marie eilig herein.

Marie.

Ferdinand! Ist's denn wahr? Du hast ihn abgewiesen?

Schöning.

Beruhige Dich —

Marie.

Mich beruhigen? Da horch! da schau! (nach dem Fenster deutend.) Von allen Seiten wälzen sie sich heran, grimmig, verderbendrohend — eine wilde, heulende See, bereit zum Verschlingen! Oh, Ferdinand, gib nach! Im Namen unserer Liebe beschwör' ich Dich — auf den Knieen —! — (vor ihm nieder fallend.)

Schöning.

Marie! Ich bitte Dich, steh' auf —

Marie.

Nicht, eh' Du mich erhörst!

Schöning.

Nun gut, ich werde — (Man hört Schläge wider das Hofthor.) Ha!!

Marie

(die aufsprang und gegen das Fenster eilte). Zu spät — weh! Sie schleppen Leitern herbei — schlagen mit Aexten an's Thor —!

Schöning.

Steht's so? Jetzt kein Nachgeben mehr, das schwör' ich! (reißt eine Büchse von der Wand und will fort.)

Marie.

Wohin? Ferdinand!

Schöning.

Mein Haus vertheidigen! Und Dich! (stürzt nach rechts hinaus.)

Marie

(nachrufend). Bleib! O mein Gott! (gegen Herbert.) Weh dem, der diesen Tag verschuldete! (Schöning nach, während der Lärm fortdauert.)

Herbert

(allein). Hannibal ante portas! Das kam zu früh. (Man hört mitten durch den Tumult den fernen Pfiff einer Locomotive. Herbert hebt einen Moment horchend den Finger, dann jauchzend.) Der Zug, der Zug! Jetzt haben wir euch, ihr Hallunken! (Zieht den Säbel. Plötzlich ein donnerähnlicher Krach und dumpfer Fall.) Was war das? (Eilt an's Fenster.) Das Hofthor liegt nieder! Alles drüber herein! Verflucht! Sollen wir noch zwischen Thür und Angel verlieren? (Rasch ab, nach rechts. Die Bühne bleibt einige Zeit leer. Der Lärm, mit Geschrei und einigen Flintenschüssen vermischt, dauert fort. Zuletzt nähert sich das Getöse. Man unterscheidet Stimmen.)

Sechster Auftritt.

Durch die Thüre rechts Brahm, Stüttgen, Spitz und Andere, alle mit den verschiedenartigsten Waffen. Brahm, eine Schärpe um die Brust, mit Säbel und Pistole im Gürtel.

Brahm.

Der Anfang ist gemacht — das Raubnest unser! Seht ihr nun, was sie sind, wenn das Volk will? Kartenhäuser! Ein Hauch bläst sie um!

Stüttgen.

Es lebe Vater Brahm! Ein Hoch unserm Hauptmann! (Allgemeines Hoch.)

Spitz.

Hurrah! Und nieder mit den Tyrannen! Nieder, sag' ich! (macht Miene, den umgeschnallten Säbel zu ziehen.)

Ein Arbeiter.

Ihr thatet doch Keinem weh damit, Gevatter?

Spitz.

Na, ob? Ihrer zwei, drei haben ausgelitten, dafür steh' ich euch. (Nachdem er vergeblich am Säbel gezerrt.) Daß dich —! Richtig eingerostet!

Stüttgen

(zu Brahm). Ihr blutet, Vetter?

Brahm

(seinen Arm emporhebend). Ein Streifschuß! Nicht der Rede werth! — Wieviel Gefangne, Stüttgen?

Stüttgen.
Etliche dreißig — das Gesinde mitgerechnet.

Brahm.
Das laßt laufen!

Stüttgen.
Die Andern sind mit dem Fabrikanten im Magazin eingeschlossen. Hurrah! Wir wollen sie schon ausräuchern!

Ein Arbeiter.
Den Verwalter haben wir auch nicht!

Ein Anderer.
Der muß sich irgendwo verkrochen haben.

Brahm.
Herbei mit ihm! Durchsucht jeden Winkel! (Einige ab.) Allen sei verziehen, nur Zwei bleiben dem Gerichte verfallen. Wohlgemerkt, dem Gericht! Weh' dem, der die Hand wider sie aufhebt, um dem Gericht vorzugreifen! Weh' dem, der hier etwas zerstört oder plündert! Soll man sagen, unsre gute Sache habe keinen schlimmeren Feind als uns selbst? Sollen wir denen gleichen, gegen die wir aufgestanden sind? Das verhüte Gott!

Spitz.
Glaubt Ihr denn wieder an Gott, Gevatter? Ihr habt ihn ja vor etlichen Tagen abgesetzt!

Brahm.

Das that ich, Kamerad, aber es reut mich. Laß' Dir sagen, und euch Allen — es gibt einen Gott, aber keinen Gott, wie sie ihn von den Kanzeln predigen, keinen Gott der Unterdrücker — nein, einen Gott der Unterdrückten, einen Gott der Rache — unsern Gott! Denn das merkt euch, es sind nur zwei große Stände in der Welt, Unterdrücker und Unterdrückte. Jener gepredigte, blasse, marklose Lügengott verlangt, daß wir schweigen und dulden — der wahre Gott, unser Gott ruft uns aus Donnerwolken zu: Wofür gab ich dem Wurm seinen Stachel, dem Panther sein Gebiß? Regt euch! Wehrt euch! Stürzt das alte, verworfne Babel in Trümmer! Baut mir das neue, das ächte Reich Gottes auf Erden! (Sie drängen sich mit lebhaftem Beifallrufen um Brahm herum.)

Spitz.

Ein Agitator! Ein Prophet! Hut ab!

Brahm.

Ein großes Gericht bricht herein über diese Zeit, und uns hat der Richter berufen, den Spruch zu vollstrecken. Seit Jahrhunderten blutet das Volk für die Freiheit, und seit Jahrhunderten hat man es um seinen Antheil am Kampfpreise geprellt. Aus Leibeignen des Ritterschwerts sind wir Sklaven der Krämerelle gewor-

Dich morgen wieder, würdest Du nicht ziehen und zum zweiten Male gegen Deine Brüder stehen? Du bist eine Sklavenseele nach wie vor. Geh!

Franz.

So wahr ich selig werden will, Ihr verkennt mich! Ich haff' ihn — haff' ihn, wie Ihr! Ich bin aufgewacht, Vater!

Brahm.

Das Wort eines Verräthers! Wer glaubt ihm? Aufgewacht? Geh, beweis' es durch Thaten. Bis dahin kenn' ich Dich nicht mehr. (Wendet ihm den Rücken.)

Franz.

Vater —! (knirschend, mit dem Fuße stampfend.) Mich so in Schimpf und Schande stehen zu lassen! (Zieht sein Taschentuch, wischt sich die Augen.)

Spitz.

Na, so gebt nach, Gevatter!

Brahm

(ohne umzuschauen). Ist er noch nicht fort?

Stüttgen.

Er weint, Vetter.

Brahm.

Thränen sind Weiberthaten. Auch ich weinte, so lang ich ein Weib war.

Franz.

Vater — noch ein Wort! (Pause.) Vater — treibt mich nicht zum Aeußersten! (Pause.) Vater, lebt wohl! Ihr sollt von mir hören! (rasch ab.)

Stüttgen.

Das nenn' ich hart sein, Vetter!

Brahm.

Auch der Diamant ist's! Und darum ist er der Diamant.

Achter Auftritt.

Die Vorigen. Marie Lambert von rechts.

Brahm

(sie erblickend). Nun sei wieder Kind, mein Herz! Die stammt von oben! — Tretet zurück ihr Alle! (Alle treten zurück, während Brahm vor Marie sich auf ein Knie niederläßt.)

Marie.

Brahm! Unglücklicher! So muß ich Euch wiederfinden?

Brahm.

So! Gott sei Dank!

Marie.

Wahnsinnige Uebereilung! Wißt Ihr denn, daß dieses Blut umsonst floß? Daß Schöning nachgegeben hatte? Im nämlichen Augenblick, wo Ihr die entsetzliche Losung zur Gewalt gabt, versprach er mir, den Lohn zu er= höh'n.

Brahm.

Den Lohn zu erhöh'n? Dank's ihm die Hölle! Da= mit wir Sklaven wären nach wie vor? Gutes Fräu= lein, Sie irren sich! Die Zeit ist vorüber, wo wir um's Futter dienten, wie das unvernünftige Vieh. Eine Handvoll Futter mehr oder weniger! Glauben Sie, da= rum hätten wir Krieg ausgerufen über die Erde? Da= rum unsre Hände in Blut getaucht? Das Volk ist klug geworden, wie der kluge Jakob — wo es weidet, ver= langt es seinen Theil an den Herden. Denn es weiß jetzt, wo seine Ketten geschmiedet werden, es weiß jetzt, wo sein Tyrann wohnt! Nicht auf den Thronen sucht es ihn mehr, denn die Throne selbst sind ihm zinspflich= tig geworden — der Tyrann dieser Zeit heißt Geld, und sein Scherge heißt Hunger, Hunger, Hunger —!
(Allgemeine lärmende Zustimmung.)

Spitz.

Den Durst, Gevatter, den Durst nicht zu vergessen!

Marie.

Verblendeter Mann! Wie denkt Ihr Euer Werk zu Ende zu führen? Schaut um Euch, besinnt Euch! Wißt Ihr, daß in diesem Augenblick schon Militär gegen Euch anrückt? Ja, vielleicht schon hier ist? (Man hört Lärm.)

Spitz.

Militär? Um Gottes Willen, nur das nicht! (Man hört Trommelwirbel.)

Mehrere Arbeiter

(stürzen herein). Soldaten, Soldaten!

Brahm.

Ha!

Ein Arbeiter.

Sie rücken heran — sperren die Straße ab —!

Spitz.

Sperren ab? Ihr Brüder, jetzt ist's aus — aus — aus!

Stüttgen

(ihn schüttelnd). Still, Kerl, oder —!

Brahm.

Elender! Meinst du, die Freiheit sei eine geile Dirne, mit Worten zu gewinnen? Das war ja zu erwarten, daß die Schlange stechen werde, wenn man ihr auf den Kopf tritt! Brüder! Die Knechtschaft liegt hinter uns! Wer will zurück? (den Säbel ziehend.) Vorwärts! Vorwärts! Tod den Unterdrückern! (Lärmende Zustimmung, wobei Alle die Waffen heben, einige gegen Thüren und Fenster eilend. Brahm, am Fenster, ruft hinaus.) Zurück! Alle in's Haus! (Trommelwirbel und wilder Lärm von außen dauern fort.)

Stüttgen.

Sie hören's nicht! Ich will hinunter!

Brahm.

Eilt, eilt! Alles in's Haus — die Thüren verrammelt! (Stüttgen und ein Paar Andere ab.)

Marie.

Gnädiger Gott!

Brahm

(wild begeistert). Der Brand ist gelegt, die Flamme züngelt! Nun friß, Flamme, friß um dich, von Stadt zu Stadt, von Land zu Land, bis ein großes Feuermeer braust nach allen vier Winden, bis der weite Bau der Tyrannei krachend zusammenstürzt, und der Schrei des überwundnen Satans durch Himmel und Hölle gellt!

Marie

(die inzwischen gegen das Fenster eilte). Gott im Himmel! Zurück, zurück! Umsonst! Die Hintern schieben die Vordern! Immer näher den Bajonnetten! Einer wüthend voran —!

Brahm

(einen Blick hinauswerfend, zusammenzuckend). Mein Franz!

Marie.

Er greift nach den Bajonnetten! (Man hört einige Schüsse.) Er stürzt! Alle über ihn weg! (Marie laut aufschreiend, das Gesicht verhüllend, indeß Brahm schmerzlich zusammenfährt.) Entsetzlich!

Ein Arbeiter.

Das traf gut. Armer Junge!

Brahm

(dumpf). Mein Sohn, mein Sohn! (auffahrend.) Und ich stehe müßig hier? (will rasch ab, man hört eine starke Gewehrsalve.)

Marie

(ihn haltend). Brahm! Wohin?

Brahm.

Hinunter! Sie sollen mich mit ihm zertreten! (reißt sich los. Wie er gegen die Thüre rechts stürzt, tritt Herbert herein.) Mörder! Willkommen! Suchst du nach mir, Mörder? Aber besser hättest Du Dich in des Löwen Zwinger gewagt! (den Säbel aus der Scheide reißend.)

Stüttgen

(rechts hereineilend). Verloren! Alles verloren!

Brahm.

Verloren? (den Säbel gegen Herbert schwingend.) So soll er mit verloren sein! (Stüttgen hält ihm den Arm.) Weg! Mein Franz starb — und die Mörder sollen leben?

Herbert.

Wahnwitziger Graukopf! Deine Rolle ist ausgespielt. (An's Fenster eilend, hinunterrufend und winkend.) Hurrah! Da ist er! Hurrah! (Ein Schuß. Herbert fährt mit einem Schrei zurück und preßt die Hände wider die Brust.)

Marie.

Gott!

Brahm

(mit wilder Freude). Ausgespielt! Ha ha! Traf das den Unrechten?

Herbert

(mit mühsamer Stimme). Verflucht! (Sich mit einer Hand an

der Thürklinke haltend.) Das — war ein schlechtes — Geschäft! (sinkt todt längs der Thüre nieder, so daß er dadurch den Eingang sperrt.)

Brahm

(lachend). Alter Spaßmacher! Du rufst sie und verrammelst ihnen die Thür? — (sich an die Stirne fahrend.) Alles verloren? Wer sprach das?

Stüttgen.

Auf den zweiten Schuß flohen sie auseinander, Vetter. 'S war kein Einhalt zu thun.

Brahm.

Fluch!

Marie.

Horch! (näherkommender Lärm, Waffengeklirr im Hause.)

Spitz.

Da kommen sie! Versteckt mich, ihr Brüder, versteckt mich —! (ab nach links, die Arbeiter nach.)

Marie.

Flieht, Brahm! Rettet Euch!

Brahm

(bitter). Mich retten?

Marie.

Ich öffn' Euch die hintere Gartenthür — nach dem Wald —!

Stüttgen.

Kommt, Vetter!

Brahm.

Nimmermehr!

Marie.

Die Zeit verrinnt! Ich bitt' Euch, beschwör' Euch —!

Brahm.

Rief ich darum den Tod an? Ich bleibe! (man hört rütteln an der Thüre und den Ruf "Aufgemacht!!")

Marie.

Mein Gott!

Stüttgen.

Vetter! Sollen wir unser Leben nutzlos opfern?

Brahm.

Nutzlos? (sich besinnend, dann lebhaft.) Ha! Du hast Recht, Junge! — In den Wald! Zu den Bestien!! (Mit grimmiger Geberde.) Ich habe noch etwas zu thun auf der Welt, aber vorher muß ich zu den Bestien in die Schule. (zu Marie) Du erschrickst? Oh, an deinem Blick bin ich fromm! (Weich.) Ich hatte einst eine Tochter, die auch so blicken konnte — —! (Rütteln, Rufe "Aufgemacht, oder wir schlagen ein!")

Marie.

Eilt! Um Gottes Willen, eilt!

Brahm.

Zu den Bestien! Fort! — (gegen Marie, abgehend) Fluch allen Glücklichen — Du allein sei gesegnet! (Ab mit Stüttgen, Marie ihnen nach, während draußen Kolbenschläge gegen die Thür fallen.)

(Vorhang fällt.)

Fünfter Aufzug.

Erster Auftritt.

Geräumiges Zimmer in der Wohnung von Schöning mit zwei Thüren nach der rechten und ebenso vielen nach der linken Seite. Im Hintergrund erschließt eine geöffnete Thür die Perspektive durch einen gewölbten Gang auf einen Theil der Gartenterrasse. Letztere mit einer Brustwehr eingefaßt. Im Augenblick, wo der Vorhang sich hebt, ertönt von rechts hinter der Scene ein wiederholtes, vielstimmiges Hochrufen. Erster Bediente aus der hintern Thüre rechts, zweiter Bediente aus der hintern Thüre links kommend, treffen auf der Scene zusammen.

Erster Bedienter.

Zwölf Flaschen Sillerie!

Zweiter Bedienter.

Schon wieder? Die Herrn aus der Stadt trinken uns noch auf den Hund!

Erster Bedienter.

Narr, dafür sind's gute Freunde! Zum Trinken taugen die guten Freunde immer. Fort! (Will ab.)

Zweiter Bedienter.

Na, laß mich nur einen Augenblick ausschnaufen.

Was meinst Du zu der Braut? Zum Küssen! Was? (Küßt seine Fingerspitzen.)

Erster Bedienter.

Wenn's der Herr sähe, hätt'st Du schon Eins auf Dein breites Maul. Was stehst Du da? Fort! fort!

Zweiter Bedienter.

Zum —! (küßt seine Fingerspitzen.) 'S ist doch so! (Beide ab durch die hintere Thüre links.)

Zweiter Auftritt.

Von der Terrasse Schöning, und Marie im Hochzeitskleid, den Kranz auf dem Haupt, Arm in Arm, im Gespräche.

Schöning.

Aber ich versichere Dich, Kind, es ist nichts.

Marie.

Nichts? Sieh mich an, Ferdinand! Wirklich nichts?

Schöning

(sie anschauend). Nichts — als etwas Kopfweh! Folge der Hitze im Saal.

Marie

(nach einer Pause, wobei sie ihn innig angeschaut). Ich glaube Dir. — Oh, Ferdinand, Du weißt, dieses Haus war erst vor Wochen der Schauplatz schrecklicher Ereignisse.

Du weißt auch, wie ich mich gegen eine so baldige Hochzeit sträubte und nur Deinen dringenden Bitten nachgab. Um so schmerzlicher wäre es mir, heute in Deinen Augen das Bekenntniß zu lesen: Es fehlt etwas zu meinem Glück.

Schöning

(sie umarmend). Marie! Meine edle, herrliche Marie! Gott sei mein Zeuge, daß mir das Bewußtsein Deines Besitzes für alle Schätze der Welt nicht feil ist. Wenn auf diesen Tag ein Schatten fiele, so könnte es nur der Zweifel sein — ob ich soviel Glück verdiene.

Marie

(an seiner Brust). Mein Ferdinand! (Nach einer Pause.) Sprich, wirst Du mir heute eine Bitte abschlagen?

Schöning.

Keine! Rede nur —!

Marie.

Die Untersuchung gegen die armen Arbeiter ist im Gang. Vielen von ihnen soll schwere Strafe droh'n. Könntest Du nichts zu ihren Gunsten thun?

Schöning.

Soviel wie der König selbst, mein Schatz! Das heißt — gar nichts. Der Lauf der Justiz ist unnahbar, unabänderlich.

Marie.

Wenigstens könntest Du Dich für ihre Begnadigung verwenden. Mein Gott, die Armen haben schwer gefehlt, aber mir däucht, ihr elendes Loos, das sie in Versuchung geführt, sei Strafe genug. Und haben sie sich nicht vor Dir gedemüthigt? Haben nicht alle nachträglich diesen Revers unterschrieben?

Schöning.

Alle — das heißt, bis auf einen gewissen Stüttgen, der den Weg nach Amerika gefunden haben soll, und — und diesen Brahm —

Marie.

Der Aermste unter den Armen! Weiß man immer noch nichts von ihm?

Schöning.

Nichts! Holzhauer wollen ihn im Walde gesehen haben. Jedenfalls treibt er sich noch hier in der Nähe umher.

Marie.

Wenn ich das Geschick dieses unglücklichen Mannes bedenke, wie er mit furchtbarer Schnelligkeit Alles verlor, Alles — denn diese Tochter, die ihn verließ —

Schöning.

Laß — ich bitte Dich! Warum Dich heute mit trüben Bildern quälen?

Marie.

Im Glücke ziemt es sich, der Unglücklichen zu gedenken. Vergiß meine Bitte nicht, Ferdinand!

Schöning.

Was möglich ist, soll geschehen.

Marie.

Und besonders für den armen Brahm! Versprich mir, Ferdinand, sein Loos zu mildern, soviel es in Deiner Macht steht.

Schöning.

Ich versprech' es. Und aus vollem Herzen!

Marie.

Kehren wir jetzt zu unsern Gästen zurück?

Schöning.

Geh' voraus, ich werde nachkommen. (Marie durch die vordere Thüre rechts ab.) Sein Loos mildern, soviel es in meiner Macht steht — ja, da fehlt's! Der Herrscher der Schöpfung, der große Tausendkünstler Mensch! Phrasen! Ein armseliger Pfuscher, nichts weiter! Kann er auch nur ein zerrissenes Herz wieder zusammenflicken? Kann er einem abgehärmten Auge den verlorenen Glanz zurückgeben? Und da gibt es eine Narrenphilosophie, die uns unsere eigne Gottheit einschwätzen will. Ein Gott, der nicht den armseligsten Wurm in's Leben zu setzen vermag! Pah! (Macht einige Schritte, dann wieder stehen bleibend.) Hochzeit! So wär' ich denn am Ziel. Aber wie? Ein leichtsinnig aufgeführter Bau, ohne Fundament, der seinem Herrn jeden Augenblick über dem Kopf zusammenstürzen kann. Und er würde mich nicht allein unter seinen Trümmern begraben. Arme, arglose Marie! Du ahnst nicht, daß Du eine Nebenbuhlerin hast, deren Liebe nicht mit der reinen, edeln Flamme der deinigen lodert, dafür aber um so heißer und mächtiger. Von Tag zu Tag wollt' ich ihr meine Verlobung entdecken, und von Tag zu Tag verschob' ich's. Gott weiß, bis zu welchem Schritt der Verzweiflung ihre Leidenschaft sie gedrängt hätte — vielleicht bis zum Selbstmord! So lebt sie denn in der Meinung, mich ganz und dauernd zu besitzen. Aber wie lang kann die Täuschung noch Stand halten? Schon ist sie über mein Ausbleiben unruhig, schon schreibt sie mir, sie wolle —! (Innehaltend.) Wenn sie ihr Vorhaben ausführte? Wenn sie zurückkäme, hier hereinträte — morgen — heute —? (sich an die Stirne greifend.) Der Gedanke macht Kopfweh. Fort, fort! Die Brücke ist hinter mir ab! Vergessen=

heit! Taumel! Champagner! (Stürmisch ab durch die vordere Thüre rechts.)

Dritter Auftritt.

Marie und P. Engelmann aus der hintern Thüre rechts.

Marie.

Ja, Herr Pastor, ich fühle mich glücklich, unaussprechlich glücklich. Und wenn ich mich erinnere, daß es eine Zeit gab, wo ich meinen Ferdinand freiwillig lassen wollte, so möchte ich Ihnen immer und immer wieder Dank sagen, Ihnen meinem väterlichen Rathgeber!

P. Engelmann.

Und doch ist Menschenrath ein Tasten im Dunkeln, mein Kind. Das Zukünftige sieht nur Gott. Aber genießen Sie diesen Tag, genießen Sie ihn von Grund aus. Das Leben bringt keinen schönern nach. Er nimmt alle Freuden der Zukunft voraus und läßt ihr die Sorgen.

Marie.

Ach, warum kann er nicht ewig dauern? — (Nach einer Pause sich zum Gehen wendend.) Herr Pastor — Sie entschuldigen für einen Augenblick —

P. Engelmann.

Sie gehen?

Marie.

Diese Wunde zu verbinden. (Hebt einen Finger.)

P. Engelmann.

Blut?

Marie.

Oh, eine Kleinigkeit! Ich stieß vorhin auf Schöning's Gesundheit mit an, und — seltsam! — mein Glas zersprang. Eben erst merkt' ich, daß mich eine Scherbe geritzt hat Ich werde bald zurück sein. (Mit einer leichten Verneigung ab durch die vordere Thüre links.)

P. Engelmann.

Gutes Kind! Wenn du wüßtest, welche Unruhe mich peinigt! Unruhe wegen desselben Rathes, für den Du mich mit Dank überschüttest! Ich habe Schöning unter vier Augen zu Rede gestellt. Er erklärte Alles rundweg für Verläumbung, für Pöbelklatsch. Die Tochter des Webers selbst ist verschollen, ihr Zeugniß nicht beizubringen. Was sollt' ich thun? Marien mit einem abscheulichen Gerüchte niederschmettern? Mit einer unbeglaubigten Mittheilung, nicht hinreichend, das geknüpfte Band zu zerreißen, wohl aber, den Frieden ihrer reinen Seele zu stören, ihr Lebensglück zu vergiften? Nein, nein! Das konnt' ich nicht verantworten! Dafür lastet nun die Furcht vor einer andern

Verantwortung um so schwerer auf mir. Ewige Vorsicht! Du weißt, der Rath Deines Dieners entsprang der reinsten Absicht — der Ausgang sei dir anheimgestellt! (Ab durch die hintere Thüre rechts.)

Vierter Auftritt.

Schöning

(hinter der Scene rechts). Lustig! Den Teufel vor die Klinge gefordert! Lustig —! (Während der letzten Worte tritt er rasch und aufgeregt durch die vordere Thüre rechts, dieselbe hinter sich zuschlagend.) Umsonst! Es geht nicht! Ich gleiche einem Comödianten, der mit einem lachenden Abgang hinter die Coulissen stürzt und sich dort athemlos den Schweiß abtrocknet. Mit hinunter warf ich mich in den Champagnerwirbel — Alle behielt er, Alle, nur mich nicht! (Macht einige Schritte, wobei er die Hände vor die Augen preßt.) Fort, wahnsinnige Phantome, fort! Das Blut Herbert's klebt nicht mehr am Estrich, reingewaschen ist dies Haus, festlich rein — warum seh' ich überall Blut? Macht ein Traum uns so zu Kindern? Ich träumte heute Nacht von Marien. Ein breiter, blutiger Strom brauste zwischen uns — ich streckte die Hand aus nach ihr, und konnte sie nicht erreichen. Seitdem gleicht meine Einbildungskraft einem hungrigen Raubthier, das Blut geleckt hat. Kein blutiges, gräßliches Bild, auf das sie nicht Jagd macht, und meine Sinne selbst hat sie zu ihrem Dienste bestochen. Vorhin fiel mein Blick über die Tafel hinunter, nach dem dämmernden Hintergrunde des Saales. Da sah ich eine Gestalt — (Brahm tritt durch die hintere Thüre links ein, und bleibt mit verschränkten Armen stehen) nicht ihre Gestalt, nein, eine furchtbarere — die Gestalt des alten Mannes! Schweigend, unbeweglich stand er da, das welke Haupt mit Asche bestreut, die drohenden Augen starr nach mir gerichtet —! (Brahm macht einen Schritt vorwärts, Schöning kehrt sich bei dem Geräusch um, erblickt ihn und fährt entsetzt zurück.) Ha! — Dort! — Wieder Blendwerk —?

Brahm

(langsam, streng, düster). Kennt Ihr mich, schöner Herr?

Schöning.

Brahm! — Was wollt Ihr hier?

Brahm.

Ich bring' Euch einen Gruß von Verwalter Herbert. Das paßt Euch wohl nicht in den Kram, Herr Bräutigam? Einen Gruß, frisch und warm aus der Hölle!

Schöning

(nach Fassung ringend). Bedenkt Ihr, wo Ihr seid?

Brahm.

Wo ich bin? Auf der Hochzeit meiner Tochter! (näher tretend, schneidend.) Oder nicht? Nicht meiner Tochter? Wie käme das? Ihr habt sie doch zur Hure gemacht, sagen die Leute!

Schöning

(verwirrt). Ich rath' Euch, geht. Ein Verhaftsbefehl ist gegen Euch erlassen — ich möchte nicht, daß man Euch hier fände.

Brahm

(mit starker Stimme). Mann, ich kam hierher, um gefunden zu werden, aber man wird uns beide zusammenfinden! Verstanden? Zusammen! Ein Vater, und nicht zur Hochzeit der Tochter geladen? Das war nicht schön von Euch, Herr Schwiegersohn!

Schöning

(für sich). Diese Scene! Wenn Marie dazu käme —!

Brahm.

Eh' die Dornen der Wildniß mein Bett waren, und mein Kopfkissen ein Stein, hart wie eines Tyrannen Herz vor der Mahlzeit, da gab's eine Zeit, wo ich genug hatte. Damals wußt' ich auch nichts von Haß und Neid, und keine Menschenseele schloß ich aus meinem

Abendgebet aus. Jetzt treibt mich der Hunger mit den Wölfen hinaus auf den Raub. Euer Hochzeitsbraten hat mich angelockt, junger Herr! Und nebenbei denk' ich, ein Viertelstündchen mit Euch zu verplaudern.

Schöning

(lebhaft). Ihr seht aber, daß ich keine Zeit für Euch habe! (Macht eine Bewegung nach rechts.)

Brahm

(dazwischen tretend, mit mächtiger Stimme). Aber ich habe Zeit für Euch! (Mit gebietender Handbewegung.) Ihr bleibt!

Schöning

(stehen bleibend, betroffen). Dieser Ton —!

Brahm.

Seht doch, wie zahm Ihr seid! Oder spürt der Vogel die Schlinge am Fuß? Die Stunde des Gerichts wird kommen wie der Dieb in der Nacht, spricht der Herr — der Dieb fragt nicht, ob es dem Hausherrn gefällig sei.

Schöning

(für sich). Ist das Wahnsinn oder —? (Laut.) Brahm, laßt Euch warnen. Wenn Ihr nicht geht — ich werde Leute herbeirufen!

Brahm.

Leute herbeirufen? Ja bei Gott, das will ich auch! (Eilt gegen den Hochzeitssaal.)

Schöning

(ihm nach, hält ihn erschrocken zurück). Halt! Bleibt!

Brahm.

Keine Gesellschaft? Auch gut! (Mit schneidendem Ton.) Ihr kennt den Faden, an dem ich Euch halte — er heißt böses Gewissen! Zerreißt ihn, wenn Ihr könnt!

Schöning

(dringend). So sagt mir wenigstens, was Ihr von mir wollt!

Brahm

(einen Schritt näher tretend, ihm fest in's Gesicht blickend). Schaut mich an.

Schöning

(versucht seinen Blick auszuhalten, dann zur Seite schauend, verwirrt). Aber ich verstehe nicht —

Brahm

(mit gedämpftem Tone, aber bestimmt). Ich hatte Haus und Hof und einen ehrlichen Namen — wo sind sie? (Lauter) Schaut mich an, Schöning! Ich hatte Kinder — (mit Bewegung) einen Sohn — eine Tochter — wo sind sie? Schaut mich an, sag' ich! (mit dem Fuße stampfend, wild.) Schaut mich an! Ihr könnt nicht? Ihr zittert? Der stolze Fabrikant vor dem armseligen Weber, dem mißhandelten, ausgemusterten Weber, den die Gerechtigkeit dieser Welt zu den Thieren der Wildniß verstieß? Ihr seid jung, kräftig, im Marke des Ueberflusses gemästet. Warum streckt Ihr den alten Mann nicht mit einem Faustschlag zu Boden? Warum ertragt Ihr das Auge des alten Mannes nicht? Feiger Satan! Ein Blick hat dich gerichtet!

Schöning

(auffahrend). Nun, bei Gott! Soll mich ein Toller im eignen Hause meistern? (innehaltend, für sich.) Aber die Folgen, die Folgen! Der Skandal wäre fürchterlich! Ich muß ihn gütlich zu entfernen suchen. (Laut.) Ich weiß, Brahm, Ihr seid unglücklich, sehr unglücklich, und — nicht ohne meine Schuld. Aber ich will Euch entschädigen — ich schwöre, daß ich Euch Alles ersetzen will —

Brahm.

Ersetzen? (Lacht bitter.)

Schöning.

Verlangt, was Ihr wollt, wann Ihr wollt — morgen — zu jeder Zeit — ich will Euch anhören — nur jetzt nicht!

Brahm.

Was thaten sie vor der großen Fluth? Sie aßen und tranken und ließen sich's wohl sein, bis sie hereinbrachen, die brausenden Wasserwogen des Herrn und sie dahinrissen allzumal. Zu spät, Mann! Und könntest Du mir das Unersetzliche ersetzen, mir all mein verlornes Glück zurückgeben, frisch aus dem Mutterleibe heraus — wie einen Bettelpfennig wollt' ich Dir's vor die Füße werfen! Ich stehe vor Dir in der Sendung eines Höhern. Fluch mir, wenn ich sie verschachern könnte! Meine beleidigte Seele ist ja nur eine der zweitausend, gebrannt mit dem Male der Knechtschaft, die zwischen Mitternacht und Hahnenruf gegen Dich um Rache zum Himmel schrei'n — meine Sache nur ein Tropfen im Strom Deiner Schuld, Deine Schuld nur ein Bach, hinzugeschwollen zu dem großen Meer, das die Frevel der Tyrannei in seinem Schooße rollt, gewaltig wie eine zweite Sündfluth alle Berge überschreitend! Wer kann der Langmuth des Herrn ihre Zeit vorschreiben? Wer seinen Blitzen befehlen, triff dahin! triff dorthin? Aber in jener Stunde, da Du gegen Deine murrenden Sklaven das Bündniß beschworst mit dem Hungertod, da Du sie stelltest, die Zweitausend, zwischen Selbstmord der Leiber und Selbstmord der Seelen, da Du sie zwangst, ihre mißhandelte Menschheit abzuschwören mit dem Federzug ihrer Hand — da floß Dein Maß über, und der Herr übergab seinen Donner und Blitz in meine Hände! — Nimm die Feder und schreib"

Schöning

(überrascht). Schreiben!

Brahm.

Meinen Revers.

Schöning.

Euern Revers? (für sich.) Er ist, bei Gott, verrückt!

Brahm.

Meinst Du, Dein Kopf sei allein so erfinderisch, einen Revers auszudenken? Den Deinigen haben die Zweitausend unterschrieben, jetzt ist die Reihe an Dir. Ich werde Dir diktiren. Schreib!

Schöning.

Welche Zumuthung!

Brahm

(heftig). Schreib', oder — bei Dem, der Dich richtet! — (stürzt nach rechts, legt die Hand an die Thürklinke) ich breche in diesen Saal wie der Wolf in den Schafsstall und rufe Deine Schurkerei nach allen vier Winden!

Schöning

(erschrocken). Laß, laß! (für sich.) Ich bin in seiner Gewalt. (Setzt sich in höchster Aufregung an einen Tisch im Vordergrund links, worauf sich Schreibmaterial findet.)

Brahm.

Willst Du schreiben?

Schöning

(erschöpft). Ich will.

Brahm

(diktirend). „Ich bekenne vor Gott und Menschen —"

Schöning

(für sich, stutzend). Was soll das?

Brahm.

Warum schreibst Du nicht?

Schöning.

Ich schreibe. (Schreibend, für sich.) So geht's! Ich verstelle meine Hand.

Brahm.

Fertig?

Schöning.

Ja.

Brahm

(diktirt). „Daß ich ein reicher Schurke bin." — Nun?

Schöning

(die Feder wegwerfend, emporspringend). Nein, bei allen Teufeln —! (macht Miene, gegen Brahm zu stürzen. Dieser steht unbeweglich, ihn anschauend, den Finger befehlend auf das Blatt gerichtet, Schöning läßt wie gelähmt die Arme sinken.) Ha! (schwankt auf seinen Stuhl zurück.)

Brahm.

Willst Du schreiben?

Schöning

(tonlos). Ja.

Brahm.

„Daß ich ein reicher Schurke bin"

Schöning

(schreibend). — bin."

Brahm.

Es geht, siehst Du? (diktirt.) „Wegen meiner Thaten bin ich schuldig —"

Schöning

(schreibend). — „schuldig"

Schöning

(erschrocken). Laß, laß! (für sich.) Ich bin in seiner Gewalt. (Setzt sich in höchster Aufregung an einen Tisch im Vordergrund links, worauf sich Schreibmaterial findet.)

Brahm.

Willst Du schreiben?

Schöning

(erschöpft). Ich will.

Brahm

(diktirend). „Ich bekenne vor Gott und Menschen —"

Schöning

(für sich, stutzend). Was soll das?

Brahm.

Warum schreibst Du nicht?

Schöning.

Ich schreibe. (Schreibend, für sich.) So geht's! Ich verstelle meine Hand.

Brahm.

Fertig?

Schöning.

Ja.

Brahm

(diktirt). „Daß ich ein reicher Schurke bin." — Nun?

Schöning

(die Feder wegwerfend, emporspringend). Nein, bei allen Teufeln —! (macht Miene, gegen Brahm zu stürzen. Dieser steht unbeweglich, ihn anschauend, den Finger befehlend auf das Blatt gerichtet, Schöning läßt wie gelähmt die Arme sinken.) Ha! (schwankt auf seinen Stuhl zurück.)

Brahm.

Willst Du schreiben?

Schöning

(tonlos). Ja.

Brahm.

„Daß ich ein reicher Schurke bin"

Schöning

(schreibend). — bin."

Brahm.

Es geht, siehst Du? (diktirt.) „Wegen meiner Thaten bin ich schuldig —"

Schöning

(schreibend). — „schuldig"

Brahm

(diktirt). — „des Todes, erkläre mich für vogelfrei —"

Schöning

(aufspringend). Nimmermehr! Vogelfrei? Bin ich's denn schon? Wohlan denn! Ich oder Du! (stürzt gegen Brahm, der wie vorhin unbeweglich steht, auf das Blatt deutend. Schöning, abermals in sich zusammenknickend, mit dumpfer Stimme vor sich hin.) Gefangen — gefangen!

Brahm.

Willst Du schreiben?

Schöning

(abgebrochen). Unmensch! Teufel! Gib mir Zeit, mich zu fassen! (Da Brahm eine ablehnende Geberde macht.) Nur einige Minuten —!

Brahm.

Einige Minuten? Gut.

Schöning.

So laßt mich allein. Wartet dort hinten auf der Terrasse —

Brahm.

Daß Du mir hier die Witterung abschneiden könntest? (nach dem Saale rechts deutend.) Mit nichten! Die Terrasse ist für Dich. Ich stehe unterdessen hier Schildwache, damit Dir der Marder Dein hübsches Täubchen nicht stiehlt. (Ernst und feierlich.) Einige Minuten! Benütze sie gut! Zum Beten — hörst Du? — zum Beten! Auch ich will beten. Geh'!

Schöning

(sich mit dem Taschentuch den Schweiß abtrocknend, abgehend). Was thun? Entsetzlich —! (ab nach der Terrasse.)

Brahm

(nachdem Schöning im Hintergrund verschwunden, rasch ein Paar Schritte vortretend, mit der Hand nach der linken Brusttasche fahrend). Hab' ich Dich noch? Dich, meinen Busenfreund? Dich, du Schreck der Tyrannen, Zuflucht der Unterdrückten? Ja, da bist du, hältst Zwiesprache mit meinem Herzen und fragst ob deine Zeit noch nicht gekommen ist. (Einen Dolch hervorziehend) Freund, deine Zeit ist da — nur noch ein Paar Minuten Geduld! Dem Schächer am Kreuz wurden zur Umkehr Stunden vergönnt — warum nicht einige Minuten dem winselnden Tyrannen? Aber dann triff! triff! triff! Höll' und Himmel mögen über die Seele richten, der Leib ist dir verfallen. — Herr Gott, Rächer über den Wolken! Strenger, eifriger Gott, der du die Sünde heimsuchst im vierten Glied! Du weißt, daß er mir Alles geraubt hat, Alles, bis auf meine Rache, und daß meine Rache eins ist mit der Deinigen. Einst in heiliger Einsamkeit rieffst du den Moses an aus feurigem Busch: Errette mein Volk! So erschienst Du auch mir in der Wildniß und trugst mir auf, den Baum zu fällen, den Dein Engel gezeichnet mit dem Zeichen Deines Grimms — zweimal trugst Du mir's auf, und zweimal zitterte meine weiche Seele vor der Botschaft — das dritte Mal aber, Du weißt es, fuhr ich aus dem Traume empor und rief: Dein Wille geschehe! So segne denn jetzt diesen Stahl, daß er ganze und gerechte Arbeit schaffe, segne diese alte Hand, daß sie nicht zittre beim Stoß, daß dieser Erstling Deines nahenden Gerichts wie ein mahnender Donner die Welt aus ihrem verworfnen Schlummer emporrüttle! (Nach der hintern Thüre links horchend.) Horch! Tritte? Ihr sollt ihn mir nicht entreißen! (nach dem Hintergrunde blickend.) Dieser Gang —! Ha! Dort mag der Löwe auf den Sprung lauern! Ich komme, Schöning, ich komme! (Stürzt ab durch die Thüre im Hintergrund, dieselbe hinter sich zuschlagend. Inzwischen hat im Saale eine heitere Walzermusik begonnen.)

Fünfter Auftritt.

Hannchen Brahm,

in Reisetoilette durch die hintere Thüre links, sich umschauend, langsam gegen die Mitte vorschreitend.

Das Haus hell erleuchtet? Diese Musik? Das bedeutet ein Fest! Und mir schrieb er doch, er sei unwohl —?

Sechster Auftritt.

Die Vorigen. Marie aus der vordern Thüre links. Sie erblicken sich zu gleicher Zeit und stehen einen Augenblick sprachlos.

Marie.

Hannchen Brahm?

Hannchen.

Mein Fräulein —!

Marie.

Sie hier? Welche Ueberraschung?

Hannchen.

So eben komm' ich an und finde —. Entschuldigung, Fräulein! Dieser Anzug — dieser Kranz —?

Marie.

Das überrascht Sie? Ein Brautkranz!

Hannchen

(leidenschaftlich). Brautkranz? Braut? (Marie am Arme fassend.)

Marie.

Was ist Ihnen?

Hannchen.

Mit wem? Um Gotteswillen, mit wem?

Marie.

Mit wem?

Hannchen.

Hier? In seinem Hause! Oh, nichts mehr! Ich weiß genug —! (sinkt zu Boden.)

Marie.

Gott im Himmel! (bei ihr niederknieend.) Mädchen! Hannchen! Kommen Sie zu sich! — (bei Seite) Was ist das? Was hat diese Ohnmacht mit meiner Hochzeit zu schaffen? Sie öffnet die Augen! — Kommen Sie —! (hilft ihr auf.)

Hannchen

(aufstehend, für sich). Betrogen — beide betrogen!

Marie.

Fiel Ihnen da nicht etwas zur Erde? Ein Bild! (hebt ein Medaillon mit Schöning's Photographie vom Boden, das sich im Fallen geöffnet hatte. Hannchen macht eine hastige Bewegung, um ihr das Medaillon zu entreißen, während zu derselben Zeit Marie das Bild erkennt). Ha! (Marie steht einige Zeit sprachlos, das Medaillon in der halb ausgestreckten Hand, dann, indem sie dasselbe langsam in Hannchens Hand legt, mit tonloser Stimme.) Nehmen Sie — ihr — Eigenthum.

Hannchen.

Und was thu' ich noch damit?

Marie

(für sich, mit dem Ausdruck tiefen Seelenschmerzes). Mein Traum — mein schöner Traum! Wie blühte er noch vor wenig Minuten! — Gott, Gott! Halte mich aufrecht!

Hannchen.

Oh! Hätte ich ahnen können, daß Sie —

Marie.

Still, Unglückliche! Kommen Sie! (Man hört lärmendes Jauchzen von rechts.) Hören Sie diesen Jubel? Hier ist nicht gut sein. Fort! Stützen Sie sich auf mich! (Schmerzlich.) Mädchen! Tochter der Armuth! Wer von uns beiden ist nun die ärmere? (Beide ab durch die vordere Thüre links, Hannchen von Marie geführt. Die Musik dauert fort.)

Siebenter Auftritt.

Die Thüre nach rechts öffnet sich. Drei Herren mit Champagnerflaschen und Gläsern treten aus dem Hochzeitssaal herein und placiren sich während des folgenden Gesprächs an einem zweiten Tisch links im Hintergrund.

Erster.

Hurrah, Kinder! Da ist besser sein!

Zweiter.

Tralala! Die Thür auflassen! Wir wollen auch etwas vom Tanz sehen!

Dritter.

Wißt ihr, daß ich jetzt an die drei Stunden zwischen zwei steinalten Jungfern sitze?

Zweiter.

Und dem Pastor vis à vis!

Erster.

Was war Dir eckliger, Brüderchen? Sprich!

Zweiter.

Ich glaube, sie haben ihn frisch getauft! (Gelächter.)

Dritter.

Ihr habt gut reden. — Wißt ihr was Kinder? Heute möcht' ich Ferdinand Schöning sein!

Erster.

Wo er nur stecken mag? Auch die Braut fehlt.

Dritter.

Und Du fragst noch? Er wird sie suchen gegangen sein!

Zweiter.

Wer sucht, der findet!

Erster.

Nein, das wär' doch zu früh!

Dritter.

Warum nicht gar?

Zweiter.

Nun, ich gönn' ihm den Finderlohn. Ein reizender Junge dieser Schöning! Was?

Dritter.

Er soll leben!

Erster.

Topp! (Sie stoßen mit einem lebhaften Hochruf an, der durch einen furchtbaren Schrei aus dem Hintergrunde unterbrochen wird. Alle springen auf. Stühle und Gläser stürzen zu Boden.)

Zweiter.

Was war das?

Erster.

Dort! Hinter jener Thür! (Auf die Thüre, die nach der Terrasse führt, zeigend. Alle eilen in dieser Richtung vor. Die Thüre öffnet sich, Brahm stürzt heraus mit dem Dolch in der Hand. Im Gang zu der Terrasse liegt die Leiche Schöning's am Boden. Alle prallen entsetzt zurück.)

Brahm

(im Herausstürzen). Getroffen, getroffen! (sich umschauend.) Warum buckt ihr euch rückwärts, ihr seidnen Herrchen?

Vielleicht vor dem? (Den Dolch hebend', dann ihn zwischen die Champagnerflaschen auf den Tisch werfend.) Da liegt er! Und hier steht der Weber Brahm, auf den Abriß feil! Wer bietet auf ihn?

Alle.

Mord! Hülfe! Packt ihn! (Die Musik ist verstummt. Hochzeitsgäste beiderlei Geschlechts, darunter P. Engelmann, drängen von rechts herein.)

Brahm.

Ja, packt ihn! Packt ihn, den Hund! Denn er hat einem Wolf aus eurer Verwandtschaft die Gurgel zerrissen! Auf's Schaffot mit dem tollen Weber! Warum mordet er nicht anständig, in der Stille, wie die Reichen und Vornehmen dieser Erde? Das Geschrei der Wittwen und Waisen verhallt vor der Pforte des Gerichtssaals, und Hunger und Gram ist ein Gift, das man nicht in den Eingeweiden findet! An die Schandsäule mit dem Namen Brahm! Denn das geputzte Gesindel um ihn herum ist schlechter, als er —!

Achter Auftritt.

Die Vorigen. Aus der vordern Thüre links Hannchen und Marie.

Hannchen

(aufschreiend). Mein Vater! (Stürzt vor ihm nieder.)

Brahm.

Du? Du hier? Kommst Du, Dich an meinem Elend zu weiden? — Aus meinem Angesicht, Metze! Fort!

Hannchen

(vor ihm auf das Gesicht geworfen). Barmherzigkeit! Barmherzigkeit!

Brahm.

Forderst Du Deinen Buhlen von mir? Dort sieh hin! (nach Schöning's Leiche deutend.) Und hier Dein Vater, gekleidet in die Farbe des geächteten Kain, ein Abscheu der Welt, reif für das Beil ihres Henkers! Ueber Dich Deines Vaters Blut! Ueber Dich Deines Vaters Fluch! Unstet jage er Dich von Land zu Land und peitsche Dich hinunter bis in den untersten Kreis der Hölle! (Inzwischen sind durch die hintere Thüre links bewaffnete Soldaten eingedrungen.) Sucht ihr mich schon, ihr Fanghunde mit dem eisernen Gebiß? Ja, so sahen sie aus, da sie ihn unter ihren Füßen zertraten!

Anführer.

Im Namen des Königs! Niemand verläßt das Haus!

Brahm.

Niemand! Auch Brahm, der Weber, nicht! Sein Tagwerk ist gethan! Oder meint ihr, der Vater wolle hinter dem Sohne zurückbleiben? (Mit bewegter Stimme, die immer leidenschaftlicher anschwillt.) Ich sah ihn — so hob er die Arme — so ging er in die Bajonnette — so! (stürzt mit erhobnen Armen gegen die vorgehaltenen Bajonnette und begräbt zwei derselben, sie zusammenfassend, in seiner Brust.)

Hannchen

(die sich in der letzten Zeit halb aufgerichtet hatte, aufspringend). Vater! Oh Gott! (empfängt den sinkenden Brahm in ihren Armen und läßt ihn zur Erde nieder.)

Brahm

(am Boden, mit mühsamer Stimme, die Hände gegen das Herz pressend). Herzweh — und wieder Herzweh — aber diesmal ist's — das rechte. (Da er das über ihn gebeugte Hannchen erkennt.) Hannchen! Hannchen! Was hast Du gethan? Siehst Du, wie sie mit Fingern auf mich deuten? Ich war ein — ehrlicher Mann — (stirbt.)

Hannchen

(verzweifelnd). Vater! Noch einen Blick —! Oh! Todt — todt —! (wirft sich über die Leiche.)

F. Engelmann

(zu Marie). Unglücklichste der Bräute! Was sag' ich Ihnen zum Trost? Was Ihrem Rathgeber? (Auf sich deutend.)

Marie

(gefaßt). Daß mein Leben ward, was es einst durch ein heiliges Gelübde werden wollte — ein Opfer. Keine Sorge, mein Vater! In Demuth beug' ich mich der Hand, die mich schlug. (Zu dem am Boden liegenden Hannchen, sanft) Hannchen!

Hannchen

(langsam das Haupt zu ihr erhebend.) Oh, nicht diesen Blick! Nicht diesen himmlischen Blick auf mich Elende!

Marie.

Hat das Unglück uns nicht verschwistert? Arme Verlaßne, komm. Ich weiß eine Zuflucht für uns beide. (Hat Hannchens Hand gefaßt, welche, in knieender Stellung verharrend, ihr Gesicht in Mariens Rechte verbirgt.)

F. Engelmann.

Krank ist diese Zeit, krank bis zum Tod. Wann kommt der Tag der Genesung?

(Vorhang fällt.)

Ende